KEKSE & COOKIES

Plätzchen-Klassiker und Trendgebäck

DIE DR. OETKER GELING-GARANTIE

UNSER VERSPRECHEN

Liebe Leser*innen,

mit den Rezepten in unseren Koch- und Backbüchern möchten wir Sie und Ihre Lieben glücklich machen. Zum Glück braucht es den Erfolg, und den kaufen Sie mit jedem Dr. Oetker Buch gleich mit.

Dafür gibt es die Dr. Oetker Geling-Garantie.
Sie ist unser Versprechen, dass alle Rezepte aus diesem Buch ganz einfach und sicher gelingen.
Die Geling-Garantie startet schon bei der Zutatenliste: Alle Zutaten, die wir verwenden, sollten Sie leicht in Ihrem Supermarkt vor Ort einkaufen können. Jeder Zubereitungsschritt ist klar und einfach nachvollziehbar.

Eine Garantie können wir Ihnen aber auch deshalb mit gutem Gewissen geben, weil alle Rezepte dieses Buches von unserem erfahrenen Team entwickelt wurden. Anschließend haben wir jedes Gericht in einer ganz normalen Küche nachgekocht oder nachgebacken. Immer wieder. So lange, bis wir uns sicher waren, dass es gelingt. Und zwar auch bei Ihnen zu Hause.

Was wir versprechen, halten wir auch. Sollte beim Kochen oder Backen eines unserer Rezepte dennoch etwas danebengehen oder Ihnen einfach nicht schmecken, dann lassen Sie es uns wissen. Schreiben Sie oder rufen Sie uns an! Wir werden das Rezept nochmals kritisch prüfen und Ihnen helfen herauszufinden, woran es gelegen haben könnte. Sie erreichen uns unter der Telefonnummer +49(0)89/548 2515-0.
Oder schreiben Sie uns eine E-Mail unter:
redaktion-oetker@edel.com

Natürlich freuen wir uns aber auch über weitere Rückmeldungen und über Lob.
Ihre Ideen, Kommentare und Fragen können Sie jederzeit auch über Facebook posten:
www.facebook.com/Dr.OetkerVerlag.
Wir sind für Sie da. Garantiert.

Mit herzlichen Grüßen
Ihre Dr. Oetker Redaktion

ALLGEMEINE HINWEISE ZU DEN REZEPTEN

Unser Tipp

Lesen Sie bitte vor der Zubereitung – besser noch vor dem Einkauf – das Rezept einmal vollständig durch. Oft werden Arbeitsabläufe oder -zusammenhänge dann klarer.

Arbeitsschritte

Die Zutaten sind in der Reihenfolge ihrer Verarbeitung aufgeführt. Die Arbeitsschritte sind einzeln hervorgehoben, in der Reihenfolge, in der sie von uns ausprobiert wurden.

Zubereitungszeiten

Die angegebene Zubereitungszeit schließt die Dauer der Vorbereitung und die eigentliche Zubereitung mit ein. Sie ist ein Anhaltswert und kann je nach individuellem Geschick oder Übung natürlich ein wenig variieren. Längere Wartezeiten wie zum Beispiel Kühl- oder Abkühlzeiten oder auch Auftauzeit sind in der Regel nicht in der Zubereitungszeit enthalten. Einzige Ausnahme: In dieser Zeit sind parallel andere Arbeitsschritte zu tun. Die Garzeiten sind extra ausgewiesen. Bei einigen Rezepten setzt sich die Gesamt-Garzeit aus mehreren Teil-Garzeiten zusammen.

Zubereitungszeit und Garzeit

Die in den Rezepten angegebenen Backofentemperaturen und Garzeiten sind Richtwerte, die je nach individueller Hitzeleistung Ihres Backofens über- oder unterschritten werden können. Prüfen Sie nach Beendigung der angegebenen Garzeit, ob das Gericht/Gebäck gar ist. Die Temperaturangaben in diesem Buch beziehen sich auf Elektrobacköfen. Die Temperatur-Einstellungsmöglichkeiten für Gasbacköfen variieren je nach Hersteller, sodass wir keine allgemeingültigen Angaben machen können. Bitte beachten Sie deshalb bei der Einstellung des Backofens die Gebrauchsanleitung des Herstellers. Ein Backofenthermometer eignet sich dabei gut, um die Backofentemperatur im Blick zu haben.

Einschubhöhe

In den Rezepten in diesem Buch ist die Einschubhöhe immer dann die Mitte des Backofens, wenn nichts anderes angegeben ist.

Hinweise zu den Nährwerten

Bei den Nährwertangaben in den Rezepten handelt es sich um auf- bzw. abgerundete ganze Werte. Aufgrund von ständigen Rohstoffschwankungen und/oder Rezepturveränderungen bei Lebensmitteln kann es zu Abweichungen kommen. Die Nährwertangaben dienen daher lediglich Ihrer Orientierung und eignen sich nur bedingt für die Berechnung eines Diätplans.

Abkürzungen und Symbole

EL	Esslöffel
TL	Teelöffel
Msp.	Messerspitze
Pck.	Packung/Päckchen
g	Gramm
kg	Kilogramm
ml	Milliliter
l	Liter
evtl.	eventuell
geh.	gehäuft
gem.	gemahlen
ger.	gerieben
gestr.	gestrichen
TK	Tiefkühlprodukt
°C	Grad Celsius
Ø	Durchmesser

KALORIEN-/NÄHRWERTANGABEN

E	Eiweiß
F	Fett
Kh	Kohlenhydrate
kcal	Kilokalorien

RATGEBER

Butter oder Margarine?

Bei den meisten Keksen macht es keinen großen Unterschied, ob Sie Butter oder Margarine verwenden – lediglich bei manchen Keksen haben wir aus geschmacklichen Gründen nur Butter angegeben. Bei Margarine sollten Sie auf einen Fettgehalt von mindestens 70 Prozent achten, damit sie vergleichbare Backeigenschaften hat wie Butter – fettreduzierte Margarine enthält mehr Wasser, Knetteige können damit zäh und gummiartig werden, Rührteige speckig. Mit Margarine zubereiteter Spritzgebäckteig ist deutlich weicher. Damit das Gebäck nicht zu sehr verläuft, eventuell etwas mehr Mehl unterrühren und den Teig vor der Verarbeitung gut kühlen.

Blech fetten oder Backpapier nehmen?

Fettreiche Teige (z. B. Knetteige) können Sie direkt auf ungefettete Backbleche legen. Ansonsten die Backbleche gut mit weicher Butter bzw. Margarine einfetten oder mit Backpapier belegen. Bei gefetteten Backblechen brennt das Fett schnell ein und es können Teigreste hängenbleiben – das Blech muss bei mehreren Backgängen eventuell zwischendurch gereinigt werden. Mit Backpapier ist das nicht nötig. In der Regel können Sie das Papier mehrmals verwenden, eine Alternative sind wiederverwendbare Backfolien. Bei Teigen, die mit einem Löffel auf das Backblech gesetzt oder die aufgespritzt werden, verhindert leichtes Fetten (meist reichen die Ecken und die Mitte des Bleches) das Verrutschen des Papiers (siehe Foto links).

Was muss ich nach dem Backen beachten?

Ziehen Sie das Gebäck sofort nach dem Backen vorsichtig und langsam mitsamt dem Backpapier vom Backblech auf einen Kuchenrost (siehe Foto oben). Vor allem zartes Spritz- oder Mürbeteiggebäck zerbricht nach dem Backen leicht und muss zunächst kurz abkühlen, bevor man es anfassen kann. Wenn Sie kein Papier verwendet haben, lassen Sie das Gebäck zunächst ein paar Minuten auf dem Backblech abkühlen, bevor Sie es vorsichtig mit einem Pfannenwender oder einer Palette vom Backblech lösen und es auf den Kuchenrost heben. Wichtig: Das Gebäck zum Auskühlen nicht stapeln, damit noch vorhandene Flüssigkeit entweichen kann und die Kekse nicht zusammenkleben oder an Knusprigkeit verlieren. Erst wenn die Kekse vollständig ausgekühlt sind, kommen sie zur Aufbewahrung in gut schließende Dosen.

Backblechmangel?

Reicht der Teig für mehr Kekse als Backbleche vorhanden sind, können Sie sich mit Backpapier behelfen. Das Backpapier in Größe des Backblechs zuschneiden (oder zugeschnittene Backpapierbögen nehmen) und auf der Arbeitsfläche auslegen. Kekse, Cookies oder Plätzchen ausstechen oder formen und auf das Papier legen, weiche Cookies-Teige mit einem Löffel als Häufchen daraufsetzen. Sobald ein Blech gebacken ist, das Backpapier von der Arbeitsfläche aufs Backblech ziehen. So können Sie den Teig schon weiterverarbeiten, während das Blech gerade im Backofen ist.

Kann ich Teige vorbereiten?

Knetteig lässt sich gut mehrere Tage vorab zubereiten. Verpacken Sie den Teig luftdicht, z. B. in Frischhaltefolie wickeln, und lagern Sie ihn bis zur Weiterverwendung im Kühlschrank. Rührteige, vor allem wenn sie Backpulver enthalten, und Makronenmassen werden direkt nach der Zubereitung weiterverarbeitet. Ideal für den Vorrat und schnellen Keksenachschub: Kekse, für die Scheiben von einer Teigrolle abgeschnitten werden. Die Teigrolle können Sie gut verpackt einfrieren, bei Bedarf gefroren in Scheiben schneiden und diese backen – die Backzeit verlängert sich eventuell um ein paar Minuten.

Tipps für den Kekse-Vorrat

- Sobald das Gebäck erkaltet ist, kommt es zur Aufbewahrung in Vorratsbehälter. Kühl, dunkel und trocken gelagert, sind trockene, ungefüllte Kekse mehrere Wochen haltbar. Füllungen und Glasuren machen das Gebäck anfälliger für Verderb – die Haltbarkeit hängt stark von der Art der Füllung oder Glasur ab.

- Kekse, die knusprig bleiben sollen, oder Makronen immer in fest und luftdicht schließende Dosen packen – falls Sie sich nicht sicher sind, einfach eine Lage Frischhaltefolie zwischen Deckel und Dose klemmen.

- Pfefferkuchen, die weich werden sollen, so lange unverpackt stehen lassen, bis sie die gewünschte Konsistenz erreicht haben. Dann erst in Dosen verpacken und den Deckel nur lose auflegen. Eventuell eine Scheibe Brot oder eine Apfelspalte mit in die Dose legen – das hilft, das Gebäck weich zu halten. Wichtig: Damit sich kein Schimmel bildet, das Brot oder den Apfel häufig auswechseln!

- Das Gebäck jeweils getrennt nach Sorten verpacken. Bei gefüllten und glasierten Keksen immer eine Lage Back- oder Butterbrotpapier zwischen die einzelnen Schichten legen.

SCHOKOKEKSE MIT MANDELN

Zubereitungszeit: 20 Minuten
Kühlzeit: mind. 3 Stunden
Backzeit: 15 Minuten je Backblec

ZUTATEN FÜR 100 STÜCK

250 g Weizenmehl (Type 405)
1 Pck. Pudding-Pulver Schokoladen-Geschmack
10 g gesiebtes Kakaopulver
125 g Puderzucker
1 Pck. Vanillin-Zucker
1 Prise Salz
250 g Butter oder Margarine (zimmerwarm)
100 g gehobelte Mandeln

Pro Stück:
E: 1 g, F: 3 g, Kh: 4 g, kcal: 41

1. Mehl mit Pudding-Pulver und Kakao in einer Rührschüssel vermischen. Puderzucker, Vanillin-Zucker, Salz und Butter oder Margarine hinzufügen. Die Zutaten mit einem Mixer (Knethaken) zunächst kurz auf niedrigster, dann auf höchster Stufe gut durcharbeiten.

2. Anschließend auf der Arbeitsfläche mit den Händen zu einem glatten Teig verkneten. Die Mandeln unter den Teig kneten. Den Teig vierteln, jedes Teigviertel zu einer Rolle (je etwa 20 cm lang) formen.

3. Die Rollen auf ein Schneidebrett legen, in Frischhaltefolie wickeln und mindestens 3 Stunden in den Kühlschrank legen.

4. Den Backofen vorheizen.
Ober-/Unterhitze: etwa 180 °C
Heißluft: etwa 160 °C

5. Die Teigrollen aus der Folie wickeln und nacheinander mit einem Sägemesser in ½–1 cm dicke Scheiben schneiden. Die Teigscheiben mit etwas Abstand zueinander auf drei Backbleche (etwa 30 × 40 cm, mit Backpapier belegt) legen.

6. Die Backbleche nacheinander (bei Heißluft zusammen) in den vorgeheizten Backofen schieben. Die Kekse **etwa 15 Minuten je Backblech backen.**

7. Die Schokokekse mit dem Backpapier von den Backblechen auf Kuchenroste ziehen und erkalten lassen.

TIPP:

Die vollständig erkalteten Kekse in einer gut schließenden Dose aufbewahren.

Lieblingsrezept Nr.

1

MARMOR-COOKIES

Zubereitungszeit: 40 Minuten
Backzeit: 15–20 Minuten

ZUTATEN FÜR 8–9 STÜCK

100 g Butter (zimmerwarm)
100 g Zucker
1 Pck. Vanillin-Zucker
1 Ei (Größe S)
150 g Weizenmehl (Type 405)
50 g Speisestärke
1 gestr. TL Backpulver
1 EL gesiebtes Kakaopulver
1–2 EL Milch

Zusätzlich:
Fett für das Backblech

Pro Stück:
E: 3 g, F: 11 g, Kh: 31 g, kcal: 235

1. Butter, Zucker und Vanillin-Zucker in einer Rührschüssel mit einem Mixer (Rührstäbe) zunächst kurz auf niedrigster, dann auf höchster Stufe schaumig schlagen. Das Ei in etwa 1 Minute unterschlagen.

2. Mehl mit Speisestärke und Backpulver mischen. Die Mischung mit einem Teigschaber unter die Buttermasse heben. Den Teig in zwei gleich große Portionen teilen.

3. Eine Teigportion in einem tiefen Teller verstreichen. Kakao und Milch unter den restlichen Teig rühren. Den dunklen Teig auf den hellen Teig in den Teller geben und glatt streichen.

4. Den Backofen vorheizen.
Ober-/Unterhitze: etwa 180 °C
Heißluft: etwa 160 °C

5. Vom Teig mit zwei Esslöffeln gleich große, runde Häufchen abstechen und auf ein Backblech (etwa 30 × 40 cm, leicht gefettet und mit Backpapier belegt) setzen. Dabei ausreichend Abstand zwischen den Teighäufchen lassen.

6. Die Teighäufchen mit einem in Wasser getauchten Löffel zu flachen Cookies verstreichen.

7. Das Backblech in den vorgeheizten Backofen schieben. Die Marmor-Cookies **15–20 Minuten backen.**

8. Die Marmor-Cookies mit dem Backpapier von dem Backblech auf einen Kuchenrost ziehen und erkalten lassen.

TIPPS:

Sie können aus dem Teig auch kleine Cookies backen. Portionieren Sie den Teig dafür mithilfe von zwei Teelöffeln. Für kleine Marmor-Cookies benötigen Sie zwei Backbleche. Schieben Sie diese am besten nacheinander in den Backofen, da die Cookies in der Mitte des Backofens besonders gut gelingen. Beachten Sie, dass sich die Backzeit um einige Minuten reduziert.

Die Marmor-Cookies schmecken frisch aus dem Ofen besonders lecker. Sie können sie aber natürlich auch aufbewahren. Dafür die Cookies zunächst auf einem Kuchenrost vollständig erkalten lassen. Anschließend die Cookies in einer gut schließenden Dose verpacken. Die einzelnen Lagen Cookies trennen Sie durch ein Stück Backpapier. Kühl und trocken gestellt können Sie die Marmor-Cookies so 1–2 Wochen aufbewahren.

Lieblingsrezept Nr.

2

GRIESS-ORANGEN-WHOOPIES

Zubereitungszeit: 50 Minuten
Backzeit: 12 Minuten je Backblec

ZUTATEN FÜR 8–9 STÜCK

Für die Füllung:

- 200 ml Milch (1,5 % Fett)
- 15 g Pudding-Pulver Vanille-Geschmack
- 1 EL Zucker
- 75 g Butter (kalt, in kleine Stücke geschnitten)
- 100 g Orangenmarmelade

Für den Teig:

- 125 g Butter oder Margarine (zimmerwarm)
- 100 g Zucker
- 1 Prise Salz
- 1 Pck. Orangenschalen-Aroma
- 2 Eier (Größe M)
- 75 g Weichweizengrieß
- 100 g Weizenmehl (Type 405)
- ½ gestr. TL Backpulver

Zum Garnieren:

- 50 g lila oder rosa Glasur (Cake-Pop-Glasur, Kuchenglasur oder mit Speisefarbe gefärbte weiße Kuvertüre)
- 1 EL kleine Zuckerherzen

Zusätzlich:

- Fett für das Backblech

Pro Stück:

E: 5 g, F: 21 g, Kh: 46 g, kcal: 417

1. Für die Füllung etwas Milch mit Pudding-Pulver und Zucker anrühren. Restliche Milch in einem Topf zum Kochen bringen. Den Topf von der Kochstelle nehmen und das angerührte Pudding-Pulver in die Milch rühren. Den Topf zurück auf die Kochstelle stellen und den Pudding kurz unter Rühren kochen lassen.

2. Den Pudding in eine Schüssel geben. Die Butter unterrühren und vollständig zerlassen. Ein Stück Frischhaltefolie direkt auf die Puddingoberfläche legen. Den Pudding etwas abkühlen lassen, dann im Kühlschrank erkalten lassen.

3. In der Zwischenzeit den Backofen vorheizen.
Ober-/Unterhitze: etwa 180 °C
Heißluft: etwa 160 °C

4. Für den Teig Butter oder Margarine, Zucker, Salz und Aroma in einer Rührschüssel mit einem Mixer (Rührstäbe) auf höchster Stufe in etwa 4 Minuten schaumig schlagen.

5. Die Eier einzeln unterrühren (jedes Ei etwa ½ Minute). Grieß, Mehl und Backpulver mischen, die Mischung unter die Butter-Eier-Masse heben.

6. Den Teig in 16 oder 18 flachen Häufchen (Ø etwa 6 cm) mit genügend Abstand auf zwei Backbleche (etwa 30 × 40 cm, leicht gefettet und mit Backpapier belegt) setzen.

7. Die Backbleche nacheinander (bei Heißluft zusammen) in den vorgeheizten Backofen schieben. Die Plätzchen **etwa 12 Minuten je Backblech backen.**

8. Die Grieß-Orangen-Whoopies mit dem Backpapier von den Backblechen auf Kuchenroste ziehen und erkalten lassen.

9. Den kalten Pudding kurz glatt rühren, dann in einen Spritzbeutel mit Lochtülle (Ø etwa 10 mm) geben. Auf die Hälfte der Plätzchen außen je einen Creme-Kreis auf die glatte Seite spritzen. Danach in die Mitte je 1 Teelöffel Marmelade geben.

10. Die restlichen Plätzchen mit der Wölbung nach oben auf die Füllung setzen.

11. Zum Garnieren die Glasur nach Packungsanleitung schmelzen und in einen kleinen Gefrierbeutel geben. Den Beutel verschließen und eine kleine Ecke als Öffnung zum Spritzen abschneiden. Auf jeden Whoopie eine Spirale spritzen und mit Zuckerherzen bestreuen. Die Glasur trocknen lassen.

Lieblingsrezept Nr.
3

TRIPLE CHOCOLATE COOKIES

Zubereitungszeit: 35 Minuten
Backzeit: 12–15 Minuten

ZUTATEN FÜR 8–9 STÜCK

Zum Vorbereiten:

- 100 g Zartbitter-Kuvertüre (etwa 50 % Kakaoanteil)
- 75 g Vollmilch-Kuvertüre
- 75 g weiße Kuvertüre

Für den Teig:

- 75 g Butter (zimmerwarm)
- 50 g brauner Zucker
- 1 Prise Salz
- 1 Ei (Größe M)
- 50 g Haselnuss-Krokant (Fertigprodukt)
- 90 g Weizenmehl (Type 405)
- 1 Msp. Natron
- 1 EL gesiebtes Kakaopulver

Zusätzlich:

- Fett für das Backblech

Pro Stück:

E: 4 g, F: 19 g, Kh: 34 g, kcal: 326

1. Zum Vorbereiten die Zartbitter-Kuvertüre in kleine Stücke hacken und in einem Topf im Wasserbad bei schwacher Hitze unter Rühren schmelzen. Vollmilch- und weiße Kuvertüre in kleine Stücke hacken und beiseitestellen.

2. Den Backofen vorheizen.
Ober-/Unterhitze: etwa 200 °C
Heißluft: etwa 180 °C

3. Für den Teig die Butter mit braunem Zucker, Salz und geschmolzener Zartbitter-Kuvertüre in eine Rührschüssel geben. Die Zutaten mit einem Mixer (Rührstäbe) zunächst kurz auf niedrigster, dann auf höchster Stufe schaumig schlagen. Das Ei in etwa 1 Minute unterschlagen. Vollmilch-, weiße Kuvertürestückchen und die Hälfte des Haselnuss-Krokants mit einem Teigschaber unterheben.

4. Mehl mit Natron und Kakaopulver gut vermischen. Die Mehl-Kakao-Mischung auf die Butter-Ei-Masse geben und mit dem Teigschaber unterheben.

5. Den Teig mithilfe von zwei Esslöffeln oder einem Eisportionierer als gleich große, runde Häufchen auf ein Backblech (etwa 30 × 40 cm, leicht gefettet und mit Backpapier belegt) setzen, dabei genügend Abstand zwischen den Teighäufchen lassen. Die Häufchen mit einem in Wasser getauchten Löffel zu flachen Cookies verstreichen.

6. Die Cookies mit dem restlichen Haselnuss-Krokant bestreuen. Das Backblech in den vorgeheizten Backofen schieben. Die Triple Chocolate Cookies **12–15 Minuten backen.**

7. Die Triple Chocolate Cookies mit dem Backpapier vom Backblech auf einen Kuchenrost ziehen und erkalten lassen.

Lieblingsrezept Nr.

4

CHOCOLATE PEANUT COOKIES

Zubereitungszeit: 30 Minuten
Backzeit: 10–12 Minuten

ZUTATEN FÜR 8–9 STÜCK

Zum Vorbereiten:

40 g ungesalzene Erdnusskerne
75 g Zartbitter-Kuvertüre (etwa 50 % Kakaoanteil)

Für den Teig:

50 g Butter (zimmerwarm)
1 geh. TL Erdnussbutter, creamy oder crunchy
80 g brauner Zucker
40 g weißer Zucker
1 Pck. Bourbon-Vanille-Zucker
1 Ei (Größe S)
100 g Weizenmehl (Type 405)
1 Prise Salz
1 Prise Natron

Zusätzlich:

Fett für das Backblech

Pro Stück:

E: 4 g, F: 12 g, Kh: 28 g, kcal: 233

1. Zum Vorbereiten die Erdnusskerne und die Kuvertüre in grobe Stückchen hacken.

2. Den Backofen vorheizen.
Ober-/Unterhitze: etwa 180 °C
Heißluft: etwa 160 °C

3. Für den Teig die Butter und Erdnussbutter in eine Rührschüssel geben. Die Zutaten mit einem Mixer (Rührstäbe) auf höchster Stufe in etwa 3 Minuten schaumig schlagen. Braunen Zucker, weißen Zucker und Vanille-Zucker mischen, die Mischung nach und nach unter die Buttermasse rühren. So lange rühren, bis eine gebundene Masse entstanden ist.

4. Das Ei dazugeben und etwa 1 Minute unterschlagen. Mehl mit Salz und Natron gut vermischen. Die Mehlmischung auf die Buttermasse geben und mit einem Teigschaber unterheben. Die vorbereiteten Erdnuss- und Kuvertürestückchen unterheben.

5. Den Teig mithilfe von zwei Esslöffeln oder einem Eisportionierer als gleich große, runde Häufchen auf ein Backblech (etwa 30 × 40 cm, leicht gefettet und mit Backpapier belegt) setzen. Dabei genügend Abstand zwischen den Häufchen lassen.

6. Die Teighäufchen mit einem in Wasser getauchten Löffel zu flachen Cookies verstreichen.

7. Das Backblech in den vorgeheizten Backofen schieben. Die Chocolate Peanut Cookies **10–12 Minuten backen.**

8. Die Chocolate Peanut Cookies mit dem Backpapier vom Backblech auf einen Kuchenrost ziehen und erkalten lassen.

Lieblingsrezept Nr.

5

SONNENBLUMEN-KÜRBISKERN-KNUSPERCHEN

Zubereitungszeit: 30 Minuten
Backzeit: 15 Minuten

ZUTATEN FÜR 48 STÜCKE

Für die Körnermasse:

- 60 g Butter
- 1 Bio-Zitrone (unbehandelt, ungewachst)
- 30 g Zitronat (Sukkade)
- 250 g Sonnenblumenkerne
- 200 g Kürbiskerne
- 100 g backstabile Schokolade, grob gehackt
- 200 g Zucker
- 40 g Weizenmehl (Type 405)
- 2 Eigelb (Größe M)
- 1 Ei (Größe M)

Zum Verzieren:

- 100 g Zitronenglasur

Zusätzlich:

- Fett für das Backblech

Pro Stück:

E: 3 g, F: 7 g, Kh: 8 g, kcal: 109

1. Für die Körnermasse die Butter zerlassen und abkühlen lassen. Die Zitrone heiß abwaschen und abtrocknen, die Zitronenschale auf einer Küchenreibe dünn abreiben. Die Zitrone halbieren und den Saft auspressen. Das Zitronat sehr fein hacken.

2. Den Backofen vorheizen.
Ober-/Unterhitze: etwa 200 °C
Heißluft: etwa 180 °C

3. Sonnenblumenkerne, Kürbiskerne, gehackte Schokolade, Zitronenschale, Zitronat, Zucker und Mehl mischen. Die flüssige Butter, 2–3 Esslöffel Zitronensaft, Eigelb und Ei unterrühren.

4. Die Masse auf einem Backblech (etwa 30 × 40 cm, leicht gefettet und mit Backpapier belegt) verteilen und mit einem Löffel gleichmäßig verstreichen.

5. Das Backblech in den vorgeheizten Backofen schieben. Die Körnerplatte **etwa 15 Minuten goldgelb backen.**

6. Das Backblech auf einen Kuchenrost stellen. Die Körnerplatte sofort mit einem Messer in Quadrate (etwa 5 × 5 cm) schneiden. Die Knusperchen auf dem Backblech erkalten lassen.

7. Die Zitronenglasur nach Packungsanleitung erwärmen. Die Knusperchen mit der flüssigen Glasur streifig überziehen. Die Glasur fest werden lassen.

Variante:
Von der Schokolade 50 g gegen die gleiche Menge getrocknete, gehackte Berberitzen oder Gojibeeren austauschen.

TIPP:

Die Körnerplatte unbedingt heiß schneiden. Sollte die Körnerplatte schwer zu schneiden sein, nochmals kurz im vorgeheizten Backofen anwärmen und dann weiter schneiden.

Lieblingsrezept Nr.
6

FRISCHKÄSE-PLÄTZCHEN

Zubereitungszeit: 30 Minuten
Backzeit: 12 Minuten je Backblech

ZUTATEN FÜR 60 STÜCK

- 200 g Doppelrahm-Frischkäse
- 50 g Butterschmalz (zimmerwarm)
- 120 g Zucker
- 1 Pck. Vanillin-Zucker
- 3 Tropfen Bittermandel-Aroma
- 1 Eiweiß (Größe M)
- 50 g Weizenmehl (Type 405)
- 1 Msp. Backpulver
- 200 g abgezogene gem. Mandeln
- ½ Pck. ger. Zitronenschale

Zum Bestäuben:

- 2–3 EL Puderzucker

Zusätzlich:

- Fett für die Backbleche

Pro Stück:

E: 1 g, F: 4 g, Kh: 3 g, kcal: 51

1. Frischkäse und Butterschmalz in einer Rührschüssel mit einem Mixer (Rührstäbe) auf höchster Stufe geschmeidig rühren. Nach und nach Zucker, Vanillin-Zucker und Aroma unterrühren. Alles so lange weiterrühren, bis eine gebundene Masse entstanden ist. Das Eiweiß unterrühren.

2. Mehl mit Backpulver, Mandeln und Zitronenschale mischen. Die Mehlmischung in zwei Portionen kurz auf mittlerer Stufe unter die Frischkäsemasse rühren.

3. Den Backofen vorheizen.
Ober-/Unterhitze: etwa 200 °C
Heißluft: etwa 180 °C

4. Den Teig mithilfe von zwei Teelöffeln mit etwas Abstand in kleinen Häufchen auf zwei Backbleche (etwa 30 × 40 cm, leicht gefettet und mit Backpapier belegt) setzen.

5. Die Backbleche nacheinander (bei Heißluft zusammen) in den vorgeheizten Backofen schieben. Die Plätzchen **etwa 12 Minuten je Backblech backen.**

6. Das heiße Gebäck dick mit Puderzucker bestäuben, mit dem Backpapier von den Backblechen auf Kuchenroste ziehen und erkalten lassen.

TIPPS:

Das hier übrig gebliebene Eigelb lässt sich in einer Tasse mit 1 Esslöffel Wasser beträufelt und mit Frischhaltefolie bedeckt im Kühlschrank etwa 3 Tage frisch halten.

Für eine leicht exotische Note etwa 50 g Mandeln durch leicht geröstete Kokosraspel und die Zitronenschale durch die fein abgeriebene Schale von 1 Bio-Limette ersetzen.

Lieblingsrezept Nr.
7

SHORTBREAD-SCHEIBEN

Zubereitungszeit: 40 Minuten
Kühlzeit: 3 Stunden
Backzeit:
12–15 Minuten je Backblech

ZUTATEN FÜR 50 STÜCK

Für den Knetteig:

300 g Weizenmehl (Type 405)
30 g Hartweizengrieß
100 g Zucker
1 Pck. Vanillin-Zucker
2 Eigelb (Größe M)
200 g Butter oder Margarine (zimmerwarm)

Zum Wälzen:

2 EL Zucker

Pro Stück:

E: 1 g, F: 4 g, Kh: 8 g, kcal: 67

1. Für den Teig Mehl mit Grieß in einer Rührschüssel mischen. Zucker, Vanillin-Zucker, Eigelb, Butter oder Margarine und 2 EL Wasser hinzufügen. Alles mit einem Mixer (Knethaken) zunächst kurz auf niedrigster, dann auf höchster Stufe gut durcharbeiten.

2. Anschließend auf einer leicht bemehlten Arbeitsfläche kurz mit den Händen zu einem Teig verkneten. Sollte der Teig sehr klebrig sein, in Frischhaltefolie wickeln und etwa 30 Minuten in den Kühlschrank legen.

3. Aus dem Teig zwei Rollen (je etwa 25 cm lang) formen. Die Rollen auf ein Schneidebrett legen, in Frischhaltefolie wickeln und mindestens 3 Stunden in den Kühlschrank legen.

4. Den Backofen vorheizen.
Ober-/Unterhitze: etwa 180 °C
Heißluft: etwa 160 °C

5. Zum Wälzen den Zucker als länglichen Streifen auf einen Bogen Backpapier streuen. Die Teigrollen nacheinander zuerst mithilfe eines Backpinsels dünn mit kaltem Wasser (insgesamt etwa 2 Esslöffel) bestreichen, dann mit leichtem Druck im Zucker wälzen, dabei evtl. den Zucker leicht andrücken.

6. Die Teigrollen nacheinander mit einem Sägemesser in etwa 1 cm dicke Scheiben schneiden. Diese mit etwas Abstand zueinander auf zwei Backbleche (etwa 30 × 40 cm, mit Backpapier belegt) legen.

7. Die Teigscheiben mehrmals mit einer Gabel einstechen. Die Backbleche nacheinander (bei Heißluft zusammen) in den vorgeheizten Backofen schieben. Die Kekse **12–15 Minuten je Backblech backen.**

8. Die Shortbread-Scheiben mit dem Backpapier von den Backblechen auf Kuchenroste ziehen und erkalten lassen.

TIPP:

Damit die Teigscheiben beim Schneiden ihre runde Form behalten, ein scharfes Messer verwenden. Die Teigrollen beim Schneiden immer wieder drehen und nicht zu fest aufdrücken.

Lieblingsrezept Nr.
8

MARZIPANRAUTEN MIT SESAM

Zubereitungszeit: 20 Minuten
Backzeit: 12–15 Minuten

ZUTATEN FÜR 80 STÜCKE

Für den Rührteig:

200 g Marzipan-Rohmasse
200 g Butter (zimmerwarm)
50 g Zucker
1 Prise Salz
1 Pck. Bourbon-Vanille-Zucker
1 Eigelb (Größe M)
200 g Weizenmehl (Type 405)
½ gestr. TL Backpulver

Für den Belag:

1 Eiweiß (Größe M)
100 g geschälte Sesamsamen
40 g brauner Zucker (z. B. Kandisfarin)

Zusätzlich:

Fett für das Backblech

Pro Stück:

E: 1 g, F: 4 g, Kh: 4 g, kcal: 54

1. Für den Teig die Marzipan-Rohmasse auf der Haushaltsreibe raspeln oder fein schneiden.

2. Den Backofen vorheizen.
Ober-/Unterhitze: etwa 200 °C
Heißluft: etwa 180 °C

3. Butter und Marzipan in einer Rührschüssel mit einem Mixer (Rührstäbe) auf höchster Stufe geschmeidig rühren. Nach und nach Zucker, Salz und Vanille-Zucker unterrühren. Alles so lange weiterrühren, bis eine gebundene Masse entstanden ist. Das Eigelb kurz unter die Buttermasse rühren.

4. Mehl mit Backpulver mischen und in zwei Portionen kurz auf mittlerer Stufe unterrühren.

5. Den Teig auf einem Backblech (etwa 30 × 40 cm, gefettet) verteilen und mit einer Teigkarte gleichmäßig verstreichen.

6. Für den Belag Eiweiß mit einer Gabel verschlagen und auf den Teig streichen. Nacheinander Sesamsamen und Zucker auf den Teig streuen.

7. Das Backblech in den vorgeheizten Backofen schieben. Die Platte **12–15 Minuten backen.**

8. Das Backblech auf einen Kuchenrost stellen. Die heiße Gebäckplatte sofort nach dem Backen in Rauten (etwa 3 × 5 cm) schneiden. Dann die Marzipanrauten auf dem Backblech erkalten lassen.

Lieblingsrezept Nr.
9

ZARTE BISKUITPLÄTZCHEN

Zubereitungszeit: 15 Minuten
Backzeit: 8 Minuten
Mit Alkohol (optional)

ZUTATEN FÜR 30 STÜCK

- 2 Eier (Größe M)
- 100 g Zucker
- 1 Pck. Vanillin-Zucker
- 1 Prise Salz
- 1 Eigelb (Größe M)
- 2 TL fein abger. Orangenschale (unbehandelt, ungewachst) oder 1 TL Orangenschalen-Aroma
- 1 EL Orangenlikör oder Orangensaft
- 65 g Weizenmehl (Type 405)
- 20 g Speisestärke
- ½ gestr. TL Backpulver

Zusätzlich:

- Fett für das Backblech
- Spritzbeutel mit Lochttülle (Ø etwa 12 mm)

Pro Stück:

E: 1 g, F: 1 g, Kh: 6 g, kcal: 34

1. Den Backofen vorheizen.
Ober-/Unterhitze: etwa 180 °C
Heißluft: etwa 160 °C

2. Die Eier trennen. Die Eiweiß in eine Rührschüssel geben und mit einem Mixer (Rührstäbe) auf höchster Stufe steif schlagen. Dabei 80 g Zucker, Vanillin-Zucker und Salz nach und nach unterschlagen, bis der Zucker gelöst ist.

3. In einer zweiten Rührschüssel alle Eigelb (3 Stück), 1 Teelöffel Orangenschale oder Orangenschalen-Aroma und Likör oder Saft mit dem Mixer (Rührstäbe) hellcremig aufschlagen. Die Eigelbcreme zum Eischnee geben und locker unterziehen.

4. Mehl mit Speisestärke und Backpulver mischen. Die Mehlmischung auf die Eiercreme geben und kurz auf niedrigster Stufe unterrühren.

5. Den Teig in einen Spritzbeutel mit Lochtülle (Ø etwa 12 mm) füllen und mit jeweils etwas Abstand zueinander 4–5 cm große Plätzchen auf ein Backblech (etwa 30 × 40 cm, leicht gefettet und mit Backpapier belegt) spritzen. Restlichen Zucker (20 g) mit restlicher Orangenschale (1 TL) mischen, Die Plätzchen damit bestreuen.

6. Das Backblech sofort in den vorgeheizten Backofen schieben. Die Biskuitplätzchen **etwa 8 Minuten backen.**

7. Die Plätzchen mit dem Backpapier vom Backblech auf einen Kuchenrost ziehen. Plätzchen erkalten lassen.

TIPP:

Falls Sie keinen Spritzbeutel mit Lochtülle haben, können Sie den Teig auch in einen Gefrierbeutel füllen. Vom Beutel dann einfach eine Ecke (Ø etwa 12 mm) abschneiden – und schon kann es losgehen!

Lieblingsrezept Nr.

10

CANTUCCINI MIT WALNÜSSEN

Zubereitungszeit: 20 Minuten
Backzeit: 35–40 Minuten

ZUTATEN FÜR 30 STÜCK

Zum Vorbereiten:

20 g getrocknete Apfelringe
40 g getrocknete Cranberrys
75 g Walnusskernhälften

Für den Teig:

125 g Weizenmehl (Type 405)
1 Msp. Backpulver
1 Prise Salz
1 TL Orangenschalen-Aroma
100 g Rohrzucker
je 1 gute Prise gem. Zimt, Pimentkörner und Sternanis
1 Ei (Größe M)
30 g Butter (kalt, in kleine Stückchen geschnitten)

Zusätzlich:

Mehl zum Formen

Pro Stück:

E: 1 g, F: 3 g, Kh: 8 g, kcal: 60

1. Den Backofen vorheizen.
Ober-/Unterhitze: etwa 180 °C
Heißluft: etwa 160 °C

2. Zum Vorbereiten die Apfelringe in sehr feine Würfel hacken. Cranberrys und Walnusskernhälften in grobe Stücke hacken.

3. Für den Teig Mehl mit Backpulver, 1 Prise Salz, Orangenschalen-Aroma, Zucker und Gewürze vermischen. Das Ei verschlagen und mit der Butter zur Mehlmischung geben. Alles kurz verkneten. Zum Schluss Cranberrys, Apfelstücke und Nüsse unterkneten (die Masse ist recht bröselig).

4. Den Teig in 3–4 Portionen teilen. Jedes Teigstück mit leicht bemehlten Händen zu einer Rolle (Ø etwa 3 cm) zusammendrücken. Die Teigrollen auf ein Backblech (etwa 30 × 40 cm, mit Backpapier belegt) legen.

5. Das Backblech in den vorgeheizten Backofen schieben. Die Rollen **etwa 20 Minuten vorbacken.** Das Backblech herausnehmen und die Rollen etwas abkühlen lassen.

6. Die Backofentemperatur herunterschalten.
Ober-/Unterhitze: etwa 140 °C
Heißluft: etwa 120 °C

7. Die vorgebackenen Rollen leicht schräg mit einem breiten scharfen Messer vorsichtig in 1 ½–2 cm breite Stücke schneiden (die Masse ist immer noch bröselig, hält aber dann nach dem zweiten Backen zusammen).

8. Die Teigstücke mit den Schnittflächen auf dem Backblech verteilen, die Masse dabei evtl. noch leicht zusammendrücken. In weiteren **15–20 Minuten knusprig backen.**

9. Das Backblech aus dem Backofen nehmen. Die Plätzchen mit dem Backpapier auf einen Kuchenrost ziehen und anschließend erkalten lassen.

Lieblingsrezept Nr.

11

KOKOS-STEMPELKEKSE

Zubereitungszeit: 35–40 Minuten
Kühlzeit: 60 Minuten
Backzeit 8–9 Minuten

ZUTATEN FÜR 30 STÜCK

150 g Butter (zimmerwarm)
1 Prise Salz
2 Eier (Größe M)
1 TL ger. Zitronenschale (aus dem Päckchen)
80 g Puderzucker
1 Pck. Bourbon-Vanille-Zucker
125 g Weizenmehl (Type 405)
125 g Kokosmehl

Zusätzlich:

Mehl für die Arbeitsfläche
Ausstecher (rund, Ø etwa 6 cm)
Keksstempel (rund, Ø etwa 5 ½ cm)

Pro Stück:

E: 2 g, F: 5 g, Kh: 7 g, kcal 83

1. Die Butter mit Salz, Eiern, Zitronenschale, Puderzucker und Vanille-Zucker in eine Rührschüssel geben. Mit einem Mixer (Knethaken) zunächst auf niedrigster, dann auf höchster Stufe verrühren, sodass eine homogene Masse entsteht.

2. Mehl mit Kokosmehl mischen, die Mischung esslöffelweise unter die Buttermasse rühren. Den Teig mit den Händen kurz durchkneten, bis er sich zusammenballt. In Frischhaltefolie wickeln und 60 Minuten in den Kühlschrank legen.

3. Den Backofen vorheizen. Ober-/ Unterhitze: etwa 180 °C Heißluft: etwa 160 °C

4. Den Teig aus der Frischhaltefolie nehmen und kurz von Hand durchkneten, bis er geschmeidig ist. Anschließend auf der leicht mit Mehl bestäubten Arbeitsfläche 5–6 mm dick ausrollen.

5. Runde Cookies ausstechen (Ø etwa 6 cm). Den Keksstempel (Ø etwa 5 ½ cm) in Mehl tauchen, abklopfen, mittig auf einen Teigling setzen und behutsam in den Teig drücken. Den Stempel abnehmen, erneut bemehlen und den nächsten Cookie prägen. Auf diese Weise alle Teiglinge stempeln. Teigreste kurz zusammenkneten, erneut ausrollen, ausstechen und prägen.

6. Die Cookie-Teiglinge mit einer Palette auf ein Backblech (etwa 30 × 40 cm, mit Backpapier belegt) setzen. Das Backblech in den vorgeheizten Backofen schieben. Die Kekse **8–9 Minuten backen,** bis sie am Rand leicht bräunen.

7. Das Backblech auf einen Kuchenrost stellen und die Cookies darauf erkalten lassen.

TIPP:

Unbedingt feines Kokosmehl und keine Kokosraspel verwenden, da der Teig sonst zu grob wird und die Stempelprägung nicht gut zu erkennen ist.

Lieblingsrezept Nr.

12

ROLLENKEKSE

Zubereitungszeit: 30 Minuten
Kühlzeit: 30 Minuten
Backzeit: 15 Minuten je Backblech

ZUTATEN FÜR 40 STÜCK

250 g Weizenmehl (Type 405)
60 g Zucker
1 Prise Salz
180 g Butter (zimmerwarm)
2 Eigelb (Größe M)

Pro Stück:
E: 1 g, F: 4 g, Kh: 6 g, kcal: 65

1. Mehl mit Zucker und Salz in einer großen Rührschüssel mischen. Butter in kleinen Stücken und Eigelb hinzugeben.

2. Die Zutaten mit einem Mixer (Knethaken) zunächst kurz auf niedrigster, dann auf höchster Stufe gut durcharbeiten. Anschließend auf einer leicht bemehlten Arbeitsfläche kurz zu einem glatten Teig verkneten und zu einer Kugel formen. Die Teigkugel in Frischhaltefolie gewickelt etwa 30 Minuten in den Kühlschrank legen.

3. Den Backofen vorheizen.
Ober-/Unterhitze: etwa 180 °C
Heißluft: etwa 160 °C

4. Den Teig in drei Portionen teilen. Jede Portion mit den Händen zu einem etwa 3 cm dicken Strang rollen. Die Rollen in etwa 1 cm dicke Scheiben schneiden. Die Scheiben auf zwei Backbleche (etwa 30 × 40 cm, mit Backpapier belegt) legen. Die Backbleche nacheinander (bei Heißluft zusammen) in den vorgeheizten Backofen schieben. Die Kekse **etwa 15 Minuten je Backblech backen.**

5. Die Kekse mit dem Backpapier auf einen Kuchenrost ziehen und anschließend erkalten lassen.

Schokolinsen-Sweeties:
Den Teig wie zuvor beschrieben, aber mit nur 40 g Zucker, zubereiten. Zusätzlich 100 g bunte Mini-Schokolinsen unterkneten. Den Teig nach dem Kühlen zu Rollen formen und in buntem Dekorzucker (gibt es im Supermarkt in mehreren Farben) oder in Hagelzucker wälzen. Den Zucker leicht andrücken. Taler abschneiden, auf Backbleche legen und wie im Rezept beschrieben backen.

Cranberry-Taler:
150 g getrocknete Cranberrys nach Belieben grob hacken. Den Teig wie zuvor beschrieben zubereiten, dabei die Cranberrys unterkneten. Den Teig nach dem Kühlen zu Rollen formen und in 40 g gehackten Pistazienkernen wälzen. Die Kerne leicht andrücken. Taler abschneiden, auf Backbleche legen und wie im Rezept beschrieben backen.

Schoko-Mandel-Taler:
Den Teig wie zuvor beschrieben zubereiten, zusätzlich 60 g gehackte Mandeln und 2 Teelöffel gesiebtes Kakaopulver unterkneten. Den Teig nach dem Kühlen zu Rollen formen, in 40 g gehackten Mandeln wälzen. Mandelstückchen leicht andrücken. Taler abschneiden, auf Backbleche legen und wie im Rezept beschrieben backen.

Lieblingsrezept Nr.
13

SPRITZGEBÄCK MIT MANDELN (im Foto oben)

Zubereitungszeit: 60 Minuten
Backzeit: 12 Minuten je Backblec

ZUTATEN FÜR 140 STÜCK

375 g Butter oder Margarine (zimmerwarm)
250 g Zucker
2 Pck. Vanillin-Zucker
1 Prise Salz
500 g Weizenmehl (Type 405)
100 g abgezogene gem. Mandeln

Zusätzlich:

Mehl für die Arbeitsfläche
Gebäckpresse
Fett für das Backblech

Pro Stück:

E: 1 g, F: 3 g, Kh: 4 g, kcal: 45

1. Den Backofen vorheizen.
Ober-/Unterhitze: etwa 180 °C
Heißluft: etwa 160 °C

2. Butter oder Margarine in einer Rührschüssel mit dem Mixer (Rührstäbe) auf höchster Stufe geschmeidig rühren. Nach und nach Zucker, Vanillin-Zucker und Salz unterrühren. So lange rühren, bis eine gebundene Masse entstanden ist. Zwei Drittel des Mehls portionsweise auf mittlerer Stufe kurz unter die Butter-Zucker-Masse rühren.

3. Den weichen Teig mit restlichem Mehl und Mandeln auf der leicht bemehlten Arbeitsfläche kurz zu einem glatten Teig verkneten. Den Teig zu Rollen formen, in eine Gebäckpresse geben und auf vier Backbleche (etwa 30 × 40 cm, leicht gefettet und mit Backpapier belegt) spritzen. Die Backbleche nacheinander (bei Heißluft je zwei Backbleche zusammen) in den vorgeheizten Backofen schieben. Das Spritzgebäck **etwa 12 Minuten je Backblech backen**.

4. Das Spritzgebäck mit dem Backpapier von den Backblechen auf Kuchenroste ziehen und erkalten lassen.

Variante:
Für **Kokos-Spritzgebäck** (im Foto unten; 150 Stück) aus 300 g Butter, 250 g Zucker, 1 Pck. Vanillin-Zucker, 1 Ei (Größe M), ½ TL Salz, 500 g Weizenmehl (Type 405), 1 Pck Backpulver und 50 g Kokosraspeln wie beschrieben einen Teig zubereiten. Den Teig in Frischhaltefolie gewickelt etwa 12 Stunden in den Kühlschrank legen. Dann den Teig in Portionen teilen. Die Teigportionen durch einen Fleischwolf mit Spezialvorsatz drücken, in Stücke von beliebiger Länge schneiden und als Stangen, Kränze und in weiteren beliebigen Formen auf das Backblech legen. Das Spritzgebäck bei der angegebenen Backofentemperatur **etwa 11 Minuten backen**.

TIPPS:

Sie können den Teig auch durch einen Fleischwolf mit Spezialvorsatz drehen und als Stangen, S-Formen oder Kränzchen auf ein Backblech (mit Backpapier belegt) legen.

Tauchen Sie die Enden des erkalteten Spritzgebäcks in geschmolzene Schokolade und bestreuen Sie sie mit gehackten Pistazien.

Lieblingsrezept Nr.
14

ESPRESSO-COOKIES

Zubereitungszeit: 60 Minuten
Backzeit:
18–20 Minuten je Backblech

ZUTATEN FÜR 48 STÜCK

Zum Vorbereiten:

2 gestr. EL lösliches Espressopulver
100 g Edelbitter-Schokolade (mind. 70 % Kakaoanteil)

Für den Rührteig:

225 g Butter oder Margarine (zimmerwarm)
150 g Zucker
1 Prise Salz
1 Pck. Bourbon-Vanille-Zucker
250 g Weizenmehl (Type 405)
1 gestr. TL Backpulver

Zum Dekorieren:

24 Schoko-Kaffeebohnen
etwa 50 g Kuvertüre (weiß)
1 TL neutrales Speiseöl, z. B. Sonnenblumenöl

Zusätzlich:

Fett für die Backbleche

Pro Stück:

E: 1 g, F: 5 g, Kh: 9 g, kcal: 83

1. Zum Vorbereiten das Espressopulver in 2 Esslöffel kochendem Wasser auflösen, gut verrühren und erkalten lassen. Die Schokolade auf der Haushaltsreibe raspeln oder mit einem Messer sehr fein hacken.

2. Den Backofen vorheizen.
Ober-/Unterhitze: etwa 180 °C
Heißluft: etwa 160 °C

3. Für den Teig Butter oder Margarine in einer Rührschüssel mit einem Mixer (Rührstäbe) auf höchster Stufe geschmeidig rühren. Nach und nach Zucker, Salz und Vanille-Zucker unterrühren. Erkalteten Espresso auf kleiner Stufe unterrühren. So lange rühren, bis eine gebundene Masse entstanden ist.

4. Mehl mit Backpulver mischen und in zwei Portionen auf mittlerer Stufe kurz unterrühren. Geraspelte oder gehackte Schokolade unterrühren.

5. Von dem Teig mit zwei Teelöffeln mit etwas Abstand zueinander 48 walnussgroße, runde Häufchen auf zwei Backbleche (etwa 30 × 40 cm, leicht gefettet und mit Backpapier belegt) setzen. Auf 24 Teighäufchen je eine Schoko-Kaffeebohne in die Mitte geben und diese leicht festdrücken.

6. Die Backbleche nacheinander (bei Heißluft zusammen) in den vorgeheizten Backofen schieben. Die Espresso-Cookies **18–20 Minuten je Backblech backen.**

7. Die Cookies mit dem Backpapier auf Kuchenroste ziehen und erkalten lassen.

8. In der Zwischenzeit Kuvertüre mit Öl im heißen Wasserbad bei schwacher Hitze schmelzen.

9. Die Cookies noch auf dem Backpapier mit der geschmolzenen Kuvertüre besprenkeln. Die Kuvertüre trocknen lassen.

Lieblingsrezept Nr.

15

NOUGACCHINO-COOKIES

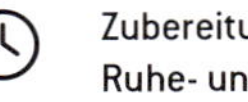

Zubereitungszeit: 50–60 Minuten
Ruhe- und Kühlzeit: 4 Stunden
Backzeit: 9 Minuten je Backblech

ZUTATEN FÜR 30 STÜCK

Für die Kaffeeganache:

- 120 g Vollmilch-Kuvertüre
- 80 g Schlagsahne (mind. 30 % Fett)
- 2 TL lösliches Espressopulver

Für den Teig:

- 150 g Nuss-Nougat
- 100 g Butter (zimmerwarm)
- 1 Ei (Größe M)
- 1 Msp. gem. Zimt
- 1 Prise gem. Gewürznelken
- 1 Msp. gem. Kardamom
- 300 g Weizenmehl (Type 405)
- ½ gestr. TL Backpulver

Zum Garnieren:

- 40 g Vollmilch-Kuvertüre
- ½ TL Kokosfett
- Zuckerperlen (nach Belieben)

Zusätzlich:

- Mehl für die Arbeitsfläche
- Ausstecher (rund, Ø 4–4½ cm)

Pro Stück:

E: 2 g, F: 7 g, Kh: 13 g, kcal 122

1. Für die Ganache die Kuvertüre hacken. Die Sahne aufkochen und das Espressopulver darin auflösen. Die Mischung auf die Kuvertüre gießen und 1–2 Minuten ruhen lassen. Durchrühren, bis die Kuvertüre geschmolzen und die Ganache glatt ist.

2. Die Kaffeeganache direkt auf der Oberfläche mit Frischhaltefolie abdecken und mindestens 3 Stunden erkalten und ruhen lassen, bis sie streichfest ist.

3. Inzwischen für den Teig das Nougat auf dem Wasserbad erwärmen, bis es weich wird. Butter mit Ei und Gewürzen mit einem Mixer (Rührstäbe) zunächst auf niedrigster, dann auf höchster Stufe zu einer homogenen Masse verrühren. Das Nougat unterrühren.

4. Mehl mit Backpulver mischen, dazugeben und möglichst rasch unterkneten, bis ein glatter Teig entstanden ist. Den Teig zur Kugel formen, diese etwas flach drücken, in Frischhaltefolie wickeln und 30 Minuten in den Kühlschrank legen.

5. Den Backofen vorheizen. Ober-/Unterhitze: etwa 200 °C Heißluft: etwa 180 °C

6. Den Teig aus der Frischhaltefolie nehmen und auf einer leicht bemehlten Arbeitsfläche 2–3 mm dick ausrollen.

7. Etwa 60 runde Cookies ausstechen (Ø 4–4½ cm) und mit etwas Abstand auf zwei Backbleche (etwa 30 × 40 cm, mit Backpapier belegt) legen. Nacheinander in den vorgeheizten Backofen schieben (bei Heißluft zusammen). Die Cookies **etwa 9 Minuten je Backblech backen**, bis sie am Rand zu bräunen beginnen.

8. Die Backbleche aus dem Backofen nehmen. Die Cookies mit dem Backpapier auf Kuchenroste ziehen und erkalten lassen.

9. Die Kaffeeganache kurz durchrühren und je etwa ½ Teelöffel davon mittig auf die Hälfte der Cookies geben. Die übrigen Cookies daraufsetzen und leicht andrücken. Die Cookies 15 Minuten in den Kühlschrank stellen, damit die Füllung gut fest wird.

10. Zum Garnieren die Kuvertüre hacken und mit dem Kokosfett auf einem heißen Wasserbad unter Rühren schmelzen.

11. Die Kuvertüre in einen Einwegspritzbeutel (oder Gefrierbeutel) geben. Eine kleine Ecke des Beutels abschneiden und die Kuvertüre in dünnen Fäden auf die Hälfte der Cookies spritzen. Nach Belieben mit ein paar Zuckerperlen bestreuen. Die Cookies zum Festwerden der Kuvertüre 15 Minuten in den Kühlschrank stellen.

Lieblingsrezept Nr.
16

CHEESECAKE-COOKIES

Zubereitungszeit: 35 Minuten
Kühlzeit: 60 Minuten
Backzeit:
20–25 Minuten je Backblech

ZUTATEN FÜR 24 STÜCK

Für den Knetteig:

200 g Butter (kalt)
300 g Weizenmehl (Type 405)
2 gestr. TL Backpulver
100 g Puderzucker
1 gestr. TL Salz
2 Pck. Vanillin-Zucker
1 Eigelb (Größe M)
1 Ei (Größe M)

Für die Füllung:

100 g Doppelrahm-Frischkäse
25 g Puderzucker
2 EL Schmand (saure Sahne mit etwa 20 % Fett)
1 Eigelb (Größe M)
1 EL Zitronensaft
1 TL abger. Bio-Zitronenschale (unbehandelt, ungewachst)

Zusätzlich:

Mehl für die Arbeitsfläche
Fett für die Backbleche
Ausstecher (Ø 6 cm)

Pro Stück:

E: 2 g, F: 10 g, Kh: 16 g, kcal: 161

1. Für den Knetteig die Butter in Stücke schneiden. Mehl mit Backpulver in einer Rührschüssel mischen. Butter und restliche Zutaten hinzufügen.

2. Die Zutaten mit einem Mixer (Knethaken) zunächst kurz auf niedrigster, danach auf höchster Stufe gut durcharbeiten. Anschließend auf der leicht bemehlten Arbeitsfläche kurz zu einem Teig verkneten. Teig zu einer Rolle (Ø etwa 5 cm) formen. Die Teigrolle in Frischhaltefolie gewickelt etwa 60 Minuten in den Kühlschrank legen.

3. Für die Füllung alle Zutaten in eine Rührschüssel geben und glatt rühren.

4. Den Backofen vorheizen.
Ober-/Unterhitze: etwa 180 °C
Heißluft: etwa 160 °C

5. Die Teigrolle auf der leicht bemehlten Arbeitsfläche in 7–8 mm dicke Scheiben schneiden. Dabei die Rolle immer wieder drehen, damit die Scheiben gleichmäßig rund abgeschnitten werden.

6. Die Teigscheiben auf zwei Backbleche (etwa 30 × 40 cm, leicht gefettet und mit Backpapier belegt) legen.

7. Einen Ausstecher (Ø 6 cm) um einen Teigkreis setzen, dann ein kleines Glas mit dem Boden (Ø kleiner als der Teigkreis) erst in etwas Mehl tauchen, dann so in den Teigkreis drücken, dass eine Mulde entsteht. Auf diese Weise in jeden Teigkreis eine Mulde drücken.

8. Die Frischkäsecreme mit einem Teelöffel gleichmäßig in den Keksmulden verteilen. Die Backbleche nacheinander (bei Heißluft zusammen) in den vorgeheizten Backofen schieben. Die Cookies **20–25 Minuten je Backblech backen.**

9. Die Cheesecake-Cookies mit dem Backpapier von den Backblechen auf Kuchenroste ziehen und erkalten lassen.

Lieblingsrezept Nr.
17

SCHOKO-COOKIES MIT INGWER

Zubereitungszeit: 30 Minuten
Kühlzeit: mind. 2 Stunden
Backzeit:
13–15 Minuten je Backblech

ZUTATEN FÜR 40 STÜCK

Für den Rührteig:

125 g Butter (zimmerwarm)
140 g Rohrzucker
1 Prise Salz
1 Ei (Größe M)
190 g Weizenmehl (Type 405)
30 g Speisestärke
1 TL Backpulver
½ TL Natron
1 TL gem. Zimt
½ TL gem. Gewürznelken
50 g kandierter Ingwer
1 TL gem. Ingwer

Zum Verzieren:

50 g kandierter Ingwer
200 g weiße Kuvertüre

Zusätzlich:

Mehl für die Arbeitsfläche

Pro Stück:

E: 1 g, F: 5 g, Kh: 12 g, kcal: 90

1. Für den Teig die Butter in einer Rührschüssel mit einem Mixer (Rührstäbe) auf höchster Stufe geschmeidig rühren. Nach und nach 100 g Zucker, Salz und Ei unterrühren. Alles so lange rühren, bis eine cremige Masse entstanden ist.

2. Mehl mit Speisestärke, Backpulver, Natron, Zimt und Nelken mischen. In zwei Portionen auf mittlerer Stufe mit dem Mixer (Knethaken) unter die Buttermasse kneten.

3. Den kandierten Ingwer hacken, zum Teig geben und auf der bemehlten Arbeitsfläche alles kurz zusammenkneten. Dann zu zwei Rollen (Ø 4 cm, Länge 25 cm) formen. Die Teigrollen in Frischhaltefolie gewickelt mindestens 2 Stunden oder über Nacht in den Kühlschrank legen.

4. Den Backofen vorheizen.
Ober-/Unterhitze: etwa 190 °C
Heißluft: etwa 170 °C

5. Den restlichen Zucker (40 g) mit dem gemahlenen Ingwer mischen. Teigrollen in dem Ingwer-Zucker wälzen und mit einem scharfen Messer in knapp 1 cm dicke Scheiben schneiden.

6. Die Scheiben auf zwei Backbleche (etwa 30 × 40 cm, mit Backpapier belegt) legen, dabei genügend Abstand zwischen den Scheiben lassen.

7. Die Backbleche nacheinander (bei Heißluft zusammen) in den vorgeheizten Backofen schieben. Die Cookies **in 13–15 Minuten je Backblech goldbraun backen.**

8. Die Cookies aus dem Backofen nehmen und auf dem Backblech etwa 5 Minuten abkühlen lassen, dann auf einen Kuchenrost setzen und erkalten lassen.

9. Zum Verzieren den kandierten Ingwer sehr fein hacken. Die Kuvertüre grob hacken und in einem Topf im Wasserbad bei schwacher Hitze unter Rühren schmelzen. Die Cookies zur Hälfte hineintauchen, auf Backpapier legen, mit kandiertem Ingwer bestreuen und trocknen lassen.

Lieblingsrezept Nr.
18

BROOKIES MIT PINIENKERNEN

Zubereitungszeit: 35 Minuten
Tiefkühlzeit: 30 Minuten
Backzeit: 35–40 Minuten

ZUTATEN FÜR 20 STÜCKE

Für den Cookieteig:

- 100 g Butter (zimmerwarm)
- 90 g Zucker
- 1 Pck. Bourbon-Vanille-Zucker
- 1 Prise Salz
- 1 Ei (Größe M)
- 200 g Weizenmehl (Type 405)
- 70 g Pinienkerne (oder gehackte Cashewkerne)

Für den Brownieteig:

- 180 g Butter
- 175 g Zartbitter-Schokolade (etwa 55 % Kakaoanteil)
- 50 g getrocknete Cranberrys
- 4 Eier (Größe M)
- 1 Prise Salz
- 100 g brauner Zucker
- 100 g Roh-Rohrzucker
- 200 g Weizenmehl (Type 405)
- 1 Msp. gem. Zimt
- 20 g gesiebtes Kakaopulver

Pro Stück:

E: 5 g, F: 18 g, Kh: 33 g, kcal 318

1. Für den Cookieteig Butter mit Zucker, Vanille-Zucker und Salz in einer Rührschüssel mit einem Mixer (Rührstäbe) zunächst auf niedrigster, dann auf höchster Stufe verrühren, bis die Masse cremig ist. Das Ei verschlagen und nach und nach unter die Buttermasse rühren.

2. Mehl und 50 g Pinienkerne (oder Cashewkerne) dazugeben und alles kurz zu einem glatten Teig verkneten.

3. Den Teig auf ein Backblech (etwa 20 × 25 cm, mit Backpapier belegt) geben und gleichmäßig verstreichen. Mit Backpapier abdecken und 30 Minuten im Tiefkühlfach anfrieren.

4. Den Backofen vorheizen.
Ober-/Unterhitze: etwa 180 °C
Heißluft: etwa 160 °C

5. Für den Brownieteig die Butter zerlassen. Die Schokolade hacken, in die Butter geben und darin unter Rühren schmelzen. Leicht abkühlen lassen. Die Cranberrys grob hacken.

6. Die Eier mit Salz, braunem Zucker und Roh-Rohrzucker in einer Rührschüssel mit einem Mixer (Rührstäbe) auf höchster Stufe zu einer dickschaumigen Masse schlagen.

7. Die Schokoladenbutter unter die Schaummasse ziehen. Mehl mit Zimt und Kakao mischen, zur Schokoladenmasse sieben und unterheben. Die Cranberrys nur kurz untermengen.

8. Den Brownieteig auf ein Backblech (etwa 20 × 25 cm, mit Backpapier belegt) geben und gleichmäßig verstreichen. Die Brownies **etwa 10 Minuten backen**, bis der Teig an der Oberfläche zu trocknen beginnt.

9. Den Cookieteig aus dem Tiefkühlfach nehmen, das Backpapier abziehen. Die Teigplatte auf den vorgebackenen Brownieteig legen und leicht andrücken. Mit den restlichen Pinienkernen (20 g) bestreuen.

10. Die Brookies **weitere 25–30 Minuten backen**, bis der Cookieteig leicht gebräunt und der Brownieteig gerade durch ist. Eventuell eine Stäbchenprobe machen: Bleibt an einem hineingestochenen und wieder herausgezogenen Holzstäbchen kaum etwas vom dunklen Teig hängen, ist das Gebäck durch.

11. Das Backblech auf einen Kuchenrost stellen und die Brookies darauf erkalten lassen. Dann die Gebäckplatte mit einem Messer in 20 Stücke schneiden.

Lieblingsrezept Nr.
19

GEFÜLLTE ORANGENKEKSE

Zubereitungszeit: 40 Minuten
Kühlzeit: 3 Stunden
Backzeit:
10–12 Minuten je Backblech

ZUTATEN FÜR 40–50 STÜCK

Für den Knetteig:

- 300 g Weizenmehl (Type 405)
- 30 g Hartweizengrieß
- 100 g Zucker
- 1 Pck. ger. Orangenschale
- 2 Eigelb (Größe M)
- 200 g Butter oder Margarine (zimmerwarm)

Für die Füllung:

- etwa 6 EL bittere Orangenmarmelade (etwa 180 g)

Zusätzlich:

- Mehl für die Arbeitsfläche

Pro Stück:

E: 1 g, F: 4 g, Kh: 9 g, kcal: 74

1. Für den Teig Mehl mit Grieß in einer Rührschüssel mischen. Zucker, Orangenschale, Eigelb, Butter oder Margarine und 2 Esslöffel kaltes Wasser hinzufügen. Alles mit einem Mixer (Knethaken) zunächst kurz auf niedrigster, dann auf höchster Stufe gut durcharbeiten.

2. Anschließend auf einer leicht bemehlten Arbeitsfläche kurz zu einem Teig verkneten. Aus dem Teig zwei Rollen (je etwa 25 cm lang) formen.

3. Die Rollen in Frischhaltefolie gewickelt mindestens 3 Stunden in den Kühlschrank legen.

4. Den Backofen vorheizen.
Ober-/Unterhitze: etwa 180 °C
Heißluft: etwa 160 °C

5. Die Teigrollen nacheinander mit einem Sägemesser in etwa ½ cm dicke Scheiben schneiden. Die Scheiben mit etwas Abstand zueinander auf drei Backbleche (etwa 30 × 40 cm, mit Backpapier belegt) legen.

6. Die Backbleche nacheinander (bei Heißluft zusammen) in den vorgeheizten Backofen schieben. Die Kekse **10–12 Minuten je Backblech backen.**

7. Die Orangenkekse mit dem Backpapier von den Backblechen auf Kuchenroste ziehen und erkalten lassen.

8. Für die Füllung die Marmelade in einem kleinen Topf unter Rühren aufkochen. Den Topf von der Kochstelle nehmen. Mit einem Teelöffel jeweils einen Klecks Marmelade auf die Hälfte der Kekse (auf die glatte Seite) geben. Jeweils mit einem zweiten Keks belegen und nur leicht andrücken, sodass keine Marmelade herausgedrückt wird und der Keks nicht zerbricht.

9. Die gefüllten Orangenkekse auf Kuchenroste (mit Backpapier belegt) legen und die Marmelade fest werden lassen.

Variante (Titelfoto):
Für **gefüllte Orangenkekse mit Kaffeeganache** den Teig wie beschrieben zubereiten, jedoch braunen Zucker dafür verwenden. Unter den Teig am Ende noch 2 Esslöffel (etwa 20 g) abgezogene, gehackte Mandeln kneten. Die Kekse wie beschrieben backen und erkalten lassen. Dann die Kekse statt mit Orangenmarmelade mit Kaffeeganache füllen (Rezept siehe Seite 36, Nougacchino-Cookies).

Lieblingsrezept Nr.
20

MACADAMIA-SCHOKO-STANGEN

Zubereitungszeit: 45 Minuten
Tiefkühlzeit: 30 Minuten
Backzeit:
12–15 Minuten je Backblech

ZUTATEN FÜR 60 STÜCK

Zum Vorbereiten:

- 100 g Edelbitter-Schokolade (etwa 60 % Kakaoanteil)
- 100 g Butter
- 75 g getrocknete Kirschen
- 100 g gesalzene, geröstete Macadamianusskerne

Für den Knetteig:

- 225 g Weizenmehl (Type 405)
- 75 g brauner Zucker
- 1 Pck. Bourbon-Vanille-Zucker
- 1 Prise Salz
- 1 Ei (Größe M)

Für die Deko:

- 200 g weiße Kuvertüre
- 2 TL Speiseöl
- 30 g gehobelte Mandeln

Zusätzlich:

- Mehl für die Arbeitsfläche

Pro Stück:

E: 1 g, F: 5 g, Kh: 8 g, kcal: 79

1. Zum Vorbereiten die Schokolade in Stücke brechen und mit der Butter in einem kleinen Topf im Wasserbad bei schwacher Hitze unter Rühren schmelzen. Die Schokoladenmasse abkühlen lassen. Kirschen und Macadamianusskerne hacken.

2. Für den Teig das Mehl in eine Rührschüssel geben. Zucker, Vanille-Zucker, Salz, Ei, geschmolzene Schokolade, gehackte Kirschen und Nusskerne hinzufügen. Alles mit einem Mixer (Knethaken) zunächst kurz auf niedrigster, dann auf höchster Stufe gut durcharbeiten. Anschließend auf der leicht bemehlten Arbeitsfläche kurz zu einem Teig verkneten.

3. Aus dem Teig drei etwa 20 cm lange, rechteckige Stangen (je etwa 2 × 5 cm) formen. Die Teigstangen in Frischhaltefolie wickeln. Mindestens 30 Minuten in das Tiefkühlfach legen und anfrieren lassen.

4. In der Zwischenzeit den Backofen vorheizen.
Ober-/Unterhitze: etwa 180 °C
Heißluft: etwa 160 °C

5. Die Teigstangen mit einem scharfen Messer in knapp 1 cm dicke Rechtecke schneiden. Dabei die Teigstangen immer wieder wenden, damit die Rechtecke gleichmäßig werden.

6. Die Teigrechtecke auf zwei Backbleche (etwa 30 × 40 cm, mit Backpapier belegt) legen. Die Backbleche nacheinander (bei Heißluft zusammen) in den vorgeheizten Backofen schieben. Die Stangen **12–15 Minuten je Backblech backen**.

7. Die gebackenen Stangen mit dem Backpapier von den Backblechen auf Kuchenroste ziehen und erkalten lassen.

8. Für die Deko die Kuvertüre in Stücke hacken und mit dem Speiseöl in einem kleinen Topf im Wasserbad bei schwacher Hitze unter Rühren schmelzen.

9. Die Mandeln in einer Pfanne ohne Fett unter Rühren goldbraun rösten, abkühlen lassen.

10. Jeweils ein Ende der Stangen in die Kuvertüre tauchen, abstreifen und sofort mit den Mandeln bestreuen. Die Stangen auf Backpapier setzen und die Schokolade fest werden lassen.

Lieblingsrezept Nr.

21

MOHN-COOKIES MIT LIMETTE

Zubereitungszeit: 50 Minuten
Backzeit: 12–15 Minuten

ZUTATEN FÜR 8–9 STÜCK

Zum Vorbereiten:

- 50 g Mohnsamen
- 75 ml Milch (1,5 % Fett)
- 1 EL Zucker
- 1 Bio-Limette (unbehandelt, ungewachst)

Für den Teig:

- 80 g Butter (zimmerwarm)
- 80 g Zucker
- 1 Prise Salz
- 1 Ei (Größe M)
- 100 g Weizenmehl (Type 405)
- 50 g nicht abgezogene gem. Mandeln
- 1 Msp. Natron

Für den Guss:

- 100 g Puderzucker

Zusätzlich:

- Fett für das Backblech

Pro Stück:

E: 5 g, F: 14 g, Kh: 33 g, kcal: 282

1. Zum Vorbereiten Mohnsamen mit Milch und Zucker in einem kleinen Topf unter Rühren aufkochen. Anschließend bei schwacher Hitze unter Rühren so lange kochen lassen, bis die Milch verdampft ist. Die Mohnmasse abkühlen lassen.

2. Die Limette heiß abwaschen und abtrocknen, die Schale fein abreiben. Die Limette halbieren und den Saft auspressen.

3. Den Backofen vorheizen.
Ober-/Unterhitze: etwa 200 °C
Heißluft: etwa 180 °C

4. Für den Teig Butter mit Zucker, Salz, Limettenschale und Mohnmasse in einer Rührschüssel mit einem Mixer (Rührstäbe) zunächst kurz auf niedrigster, dann auf höchster Stufe schaumig schlagen. Das Ei etwa 1 Minute unterschlagen. Mehl mit Mandeln und Natron mischen. Die Mischung in die Schüssel geben und mit einem Teigschaber unterheben.

5. Den Teig mit zwei Esslöffeln oder einem Eisportionierer als gleich große runde Häufchen auf ein Backblech (etwa 30 × 40 cm, leicht gefettet und mit Backpapier belegt) setzen, dabei genügend Abstand zwischen den Teighäufchen lassen. Mit einem in Wasser getauchten Löffel zu flachen Cookies verstreichen.

6. Das Backblech in den vorgeheizten Backofen schieben. Die Cookies **12–15 Minuten backen**.

7. Die Mohn-Cookies mit dem Backpapier vom Backblech auf einen Kuchenrost ziehen und erkalten lassen.

8. Für den Guss Puderzucker mit 2–3 Esslöffeln Limettensaft glatt rühren. Cookies damit besprenkeln. Guss trocknen lassen.

Lieblingsrezept Nr.
22

CHERRY PIE HEARTS

Zubereitungszeit: 50 Minuten
Kühlzeit: 30 Minuten
Backzeit:
20–25 Minuten je Backblech

ZUTATEN FÜR 12–20 STÜCK

Zum Vorbereiten:

- 175 g abgetropfte Sauerkirschen (aus dem Glas)
- 125 ml Sauerkirschsaft (von den Kirschen aus dem Glas)
- 2 gestr. EL Speisestärke
- 40 g Zucker
- ½ Pck. ger. Zitronenschale

Für den Teig:

- 250 g Weizenmehl (Type 405)
- 1 gestr. TL Backpulver
- 150 g Butter
- 100 g brauner Zucker
- 1 Prise Salz
- 3 Eigelb (Größe M)

Zusätzlich:

- 20 lange Holzspieße (Schaschlikspieße)
- Mehl für die Arbeitsfläche
- 1 Eiweiß zum Bestreichen
- Herzausstecher (Höhe und Breite 5–6 cm)

Pro Stück:

E: 3 g, F: 9 g, Kh: 25 g, kcal: 195

1. Zum Vorbereiten die Sauerkirschen abtropfen lassen, dabei den Saft auffangen. 125 ml Kirschsaft abmessen. Speisestärke mit 2 Esslöffeln Kirschsaft anrühren. Restlichen Kirschsaft in einem Topf mit Zucker und Zitronenschale zum Kochen bringen. Topf von der Kochstelle nehmen. Angerührte Speisestärke in den Saft rühren. Topf zurück auf die Kochstelle geben und alles unter Rühren noch einmal aufkochen lassen. Die Kirschen unterrühren und die Masse abkühlen lassen.

2. Die Holzspieße in eine flache Schale mit kaltem Wasser legen.

3. Für den Teig Mehl mit Backpulver in einer Rührschüssel mischen. Butter in kleine Stücke schneiden und hinzufügen. Zucker, Salz, Eigelb und 1 ½ Esslöffel eiskaltes Wasser dazugeben. Alles mit einem Mixer (Knethaken) zunächst kurz auf niedrigster, dann auf höchster Stufe gut durcharbeiten.

4. Dann auf der leicht bemehlten Arbeitsfläche kurz zu einem glatten Teig verkneten und zu einer Kugel formen. Die Teigkugel flach drücken, in Frischhaltefolie wickeln und etwa 30 Minuten in den Kühlschrank legen.

5. Den Backofen vorheizen.
Ober-/Unterhitze: etwa 180 °C
Heißluft: etwa 160 °C

6. Die Holzspieße aus dem Wasser nehmen und abtrocknen. Den Teig auf der leicht bemehlten Arbeitsfläche 3–5 mm dünn ausrollen. Daraus 24–40 große Herzen ausstechen.

7. Die Teigreste wieder zusammenkneten, erneut ausrollen und weitere Herzen ausstechen, bis der Teig aufgebraucht ist.

8. Die Hälfte der Teigherzen auf zwei Backblechen (etwa 30 × 40 cm, mit Backpapier belegt) verteilen.

9. Jeweils 1 Holzspieß von der Mitte zur Spitze der Herzen legen, dann etwas von der Kirschmasse daraufgeben. Die Teigränder mit verschlagenem Eiweiß bestreichen.

10. Die restlichen Teigherzen als Deckel auf die Herzen mit Spieß legen und an den Rändern leicht andrücken. Anschließend die Ränder mit einer Gabel zusammendrücken. Die Herzen mit Eiweiß bestreichen.

11. Die Backbleche nacheinander (bei Heißluft zusammen) in den vorgeheizten Backofen schieben. Die Herzen **20–25 Minuten je Backblech backen.**

12. Die Cherry Pie Hearts mit dem Backpapier von den Backblechen auf Kuchenroste ziehen und erkalten lassen.

Lieblingsrezept Nr.
23

MACARONS

Zubereitungszeit: 40 Minuten
Backzeit:
20–22 Minuten je Backblech

ZUTATEN FÜR 25 STÜCK

Für die Mandel-Baiser-Masse (für eine Sorte):

120 g abgezogene gem. Mandeln
160 g Puderzucker
2 Eiweiß (Größe M)
1 Prise Salz

Für Himbeer-Macarons:

etwa 14 Tropfen rote Speisefarbe
40 g Himbeergelee
40 g Butter (zimmerwarm)

Pro Stück:

E: 1 g, F: 4 g, Kh: 8 g, kcal: 73

Für Nuss-Nougat-Macarons:

20 g gesiebtes Kakaopulver
60 g Nuss-Nougat-Creme

Zusätzlich:

Fett für die Backbleche

Pro Stück:

E: 2 g, F: 3 g, Kh: 8 g, kcal: 72

1. Für die Mandel-Baiser-Masse die Mandeln mit dem Puderzucker in zwei Portionen in einem Blitzhacker noch feiner mahlen.

2. Den Backofen vorheizen.
Heißluft: etwa 70 °C
Ober-/Unterhitze: nicht empfehlenswert

3. Eiweiß mit Salz in einer Rührschüssel mit einem Mixer (Rührstäbe) auf höchster Stufe zu sehr steifem Eischnee schlagen. Nach und nach die Mandel-Puderzucker-Mischung unterschlagen. So lange schlagen, bis der Eischnee stark glänzt.

4. Je nachdem, welche Macarons zubereitet werden, die Eischnee-Mandel-Masse mit Speisefarbe (für Himbeer-Macarons) oder mit Kakao (für Nuss-Nougat-Macarons) färben. Dafür jeweils die entsprechenden Zutaten vorsichtig unterheben.

5. Die gefärbte Masse in einen Einwegspritzbeutel (ohne Tülle) füllen und 50 Einschneetupfen (Ø etwa 3 cm) auf zwei Backbleche (etwa 30 × 40 cm, leicht gefettet und mit Backpapier belegt) spritzen. Dabei etwas Abstand zwischen den Tupfen lassen. Die „Zipfel" der einzelnen Tupfen mit einem leicht angefeuchteten Zeigefinger vorsichtig glatt streichen.

6. Die Backbleche zusammen in den Backofen schieben. Die Macarons **12 Minuten backen.** Dann die Backofentemperatur um etwa 70 °C auf etwa 140 °C erhöhen. Die Macarons weitere **8–10 Minuten backen.**

7. Die Backbleche auf Kuchenroste stellen. Die Macarons darauf erkalten lassen.

8. Für die Füllung der Himbeer-Macarons Gelee und Butter mit dem Mixer (Rührstäbe) auf höchster Stufe schaumig rühren.

9. Die Hälfte der Macarons auf der flachen Unterseite mithilfe eines Messers mit Himbeerbutter (rosa gefärbte Macarons) oder Nuss-Nougat-Creme (braun gefärbte Macarons) bestreichen. Die restlichen Macarons mit der Unterseite daraufsetzen und leicht andrücken.

Lieblingsrezept Nr.

24

LITTLE GREEN WONDERS

Zubereitungszeit: 30 Minuten
Backzeit:
12–15 Minuten je Backblech

ZUTATEN FÜR 45 STÜCK

Für den Teig:

- 200 g flüssiger Honig
- 50 g Butter
- 50 g Zitronat (Sukkade)
- 1 Bio-Limette (unbehandelt, ungewachst)
- 75 g geschälte Pistazienkerne
- 250 g Weizenmehl (Type 405)
- ½ gestr. TL Backpulver
- 1 Prise Salz
- 75 g gehackte Mandeln
- ½ Pck. ger. Zitronenschale
- evtl. backfeste grüne Speisefarbe

Für den Guss:

- 125 g Puderzucker

Zusätzlich:

- Mehl für die Arbeitsfläche

Pro Stück:

E: 1 g, F: 3 g, Kh: 11 g, kcal: 76

1. Den Backofen vorheizen.
Ober-/Unterhitze: etwa 200 °C
Heißluft: etwa 180 °C
Ober-/Unterhitze: nicht empfehlenswert

2. Für den Teig Honig und Butter in einem Topf unter Rühren erwärmen. Zitronat sehr fein hacken. Limette heiß abwaschen, abtrocknen und die Schale fein abreiben. Limette halbieren, den Saft auspressen und beiseitestellen. Pistazienkerne fein mahlen.

3. Mehl, Backpulver, Salz, Mandeln, Zitronat, Limetten- und Zitronenschale, 50 g Pistazienkerne und nach Belieben ein paar Tropfen grüne Speisefarbe in eine Rührschüssel geben.

4. Die Honig-Butter-Masse hinzugeben und alles mit einem Mixer (Knethaken) zu einem glatten Teig verkneten. Mit den Händen auf der leicht bemehlten Arbeitsfläche kurz weiterkneten, bis der Teig zu kleben beginnt.

5. Den Teig auf einer leicht mit Mehl bestäubten Arbeitsfläche portionsweise zu Rollen (Ø 2 ½–3 cm) formen, die Teigrollen schräg in 2–3 cm große Stücke schneiden. Die Teigstücke auf zwei Backblechen (etwa 30 × 40 cm, mit Backpapier belegt) verteilen.

6. Die Backbleche nacheinander (bei Heißluft zusammen) in den vorgeheizten Backofen schieben. Plätzchen in **12–15 Minuten je Backblech hellbraun backen.**

7. Die Plätzchen mit dem Backpapier von den Backblechen auf Kuchenroste ziehen und vollständig erkalten lassen.

8. Für den Guss den Puderzucker nach und nach mit etwas von dem beiseitegestellten Limettensaft zu einem dickflüssigen Guss verrühren. Den Guss in einen Einmalspritzbeutel (alternativ in einen kleinen Gefrierbeutel) füllen und eine kleine Ecke abschneiden. Die Plätzchen streifig mit dem Guss überziehen. Restliche Pistazienkerne (25 g) darüberstreuen. Den Zuckerguss trocknen lassen.

Lieblingsrezept Nr.
25

BEERENZIPFEL

Zubereitungszeit: 15 Minuten
Trockenzeit: 110 Minuten

ZUTATEN FÜR 65 STÜCK

Für die Eiweißmasse:

180 g Zucker
10 g gefriergetrocknetes rotes Fruchtpulver (z. B. schwarze Johannisbeere)
3 Eiweiß (Größe M)
1 Prise Salz
1 EL Zitronensaft
75 g Beerenkonfitüre

Zum Verzieren (nach Belieben):

gefriergetrocknetes rotes Fruchtpulver (z. B. schwarze Johannisbeere)

Zusätzlich:

Fett für die Backbleche

Pro Stück:

E: 0 g, F: 0 g, Kh: 4 g, kcal: 15

1. Den Backofen vorheizen. Heißluft: etwa 100 °C

2. Für die Eiweißmasse zwei Esslöffel Zucker mit dem Fruchtpulver sehr gut vermischen.

3. Eiweiß mit einem Mixer (Rührstäbe) oder in der Küchenmaschine steif schlagen. Dabei zunächst Salz, dann nach und nach restlichen Zucker einrieseln lassen. So lange weiterschlagen, bis sich der Zucker gelöst hat.

4. Den Zitronensaft tröpfchenweise unterschlagen. Dann die Fruchtpulvermischung löffelweise hinzugeben und gut unterschlagen. Die Konfitüre glatt rühren, über die Baisermasse träufeln und mit einem Teigschaber streifig unterheben.

5. Die Baisermasse mit einem Esslöffel abstechen, in gleichmäßigen Abständen auf zwei Backbleche (etwa 30 × 40 cm, leicht gefettet und mit Backpapier belegt) setzen und nach oben abziehen, sodass kleine Zipfel entstehen.

6. Die Backbleche mit maximalem Abstand zueinander in den vorgeheizten Backofen schieben.

7. Die Beerenzipfel in **etwa 110 Minuten knusprig trocknen**, bis sich die Zipfel bei vorsichtiger Berührung vom Backpapier lösen lassen.

8. Die Beerenzipfel mit dem Backpapier von den Backblechen auf Kuchenroste ziehen und vollständig erkalten lassen.

9. Bis zum Verzehr in luftdicht verschließbaren Gebäckdosen lagern. Beerenzipfel nach Belieben vor dem Servieren fein mit Fruchtpulver bestäuben.

TIPP:

Die Beerenzipfel eignen sich nicht zum längeren Aufbewahren und sollten innerhalb von 5 Tagen verzehrt werden. Geben Sie das Gebäck bis zum Verzehr in gut schließende Gebäckdosen.

Lieblingsrezept Nr.

26

VANILLEKIPFERL

Zubereitungszeit: 60 Minuten
Kühlzeit: 60 Minuten
Backzeit: 10 Minuten je Backblec

ZUTATEN FÜR 60 STÜCK

Für den Knetteig:

- 200 g Weizenmehl (Type 405)
- 1 Msp. Backpulver
- 100 g Zucker
- 1 Pck. Vanillin-Zucker
- 2 Eigelb (Größe M)
- 170 g Butter oder Margarine
- 100 g abgezogene gem. Mandeln

Zum Bestäuben:

- 50 g Puderzucker
- 1 Pck. Vanillin-Zucker

Pro Stück:

E: 1 g, F: 4 g, Kh: 5 g, kcal: 56

1. Für den Teig Mehl mit Backpulver in einer Rührschüssel mischen. Zucker, Vanillin-Zucker, Eigelb, Butter oder Margarine und Mandeln hinzufügen. Zutaten mit einem Mixer (Knethaken) zunächst kurz auf niedrigster, dann auf höchster Stufe gut durcharbeiten. Anschließend auf einer leicht bemehlten Arbeitsfläche kurz zu einem Teig verkneten. Den Teig in zwei Portionen teilen. Jede Teigportion in Frischhaltefolie wickeln und etwa 60 Minuten in den Kühlschrank legen.

2. Den Backofen vorheizen.
Ober-/Unterhitze: etwa 180 °C
Heißluft: etwa 160 °C

3. Die Teigportionen zu fingerdicken Rollen formen und diese in etwa 6 cm lange Stücke schneiden. Die Stücke an den Enden etwas dünner rollen. Die Rollen einzeln auf zwei Backbleche (etwa 30 × 40 cm, mit Backpapier belegt) legen und zu Hörnchen (Kipferln) formen. Dabei genügend Abstand zwischen den Kipferln lassen.

4. Die Backbleche nacheinander (bei Heißluft zusammen) in den vorgeheizten Backofen schieben. Die Vanillekipferl **etwa 10 Minuten je Backblech backen**.

5. Zum Bestäuben Puderzucker mit Vanillin-Zucker mischen. Die Vanillekipferl mit dem Backpapier von den Backblechen auf Kuchenroste ziehen. Die warmen Vanillekipferl mit der Puderzuckermischung bestäuben und erkalten lassen.

Varianten:
Für **Vanillekipferl ohne Ei** (90 Stück) einen Knetteig aus 280 g Weizenmehl (Type 405), dem Mark von 1 Vanilleschote, 100 g abgezogenen, gemahlenen Mandeln, 70 g Puderzucker und 210 g Butter zubereiten, in zwei Portionen teilen und in Frischhaltefolie gewickelt etwa 60 Minuten in den Kühlschrank legen. Aus dem Teig wie im Hauptrezept beschrieben Kipferl formen und backen. Warm mit Puderzuckermischung bestäuben, dann erkalten lassen.

Für **Haselnusskipferl** (90 Stück) einen Knetteig aus 300 g Weizenmehl (Type 405), 100 g Puderzucker, 1 Päckchen Bourbon-Vanille-Zucker, 1 Prise Salz, 1 Ei (Größe M), 100 g leicht gerösteten, gemahlenen Haselnusskernen und 200 g Butter zubereiten. Wie im Hauptrezept beschrieben Kiperl formen und backen. Noch warm mit Puderzuckermischung bestäuben, dann erkalten lassen.

Lieblingsrezept Nr.
27

LINZER PLÄTZCHEN

Zubereitungszeit: 45 Minuten
Kühlzeit: 60 Minuten
Backzeit: 12 Minuten je Backblec

ZUTATEN FÜR 60 STÜCK

Für den Teig:

400 g Weizenmehl (Type 405)
150 g gem. Haselnusskerne
2 gestr. TL Backpulver
100 g Zucker
½ TL gem. Zimt
⅓ TL gem. Gewürznelken
1 Ei (Größe M)
250 g Butter (zimmerwarm)
etwa 2 EL Milch (3,5 % Fett)

Für die Füllung:

200 g Himbeerkonfitüre
2 EL Puderzucker

Zusätzlich:

Mehl für die Arbeitsfläche
Ausstecher (rund oder Blumenform, Ø 4–5 cm)
Ausstecher (rund oder Stern- oder Blumenform, Ø 2 cm)

Pro Stück:

E: 1 g, F: 6 g, Kh: 9 g, kcal: 100

1. Für den Teig Mehl, Haselnusskerne, Backpulver, Zucker, Zimt und Nelken in einer Rührschüssel mischen. Ei, Butter und Milch hinzugeben. Die Zutaten mit einem Mixer (Knethaken) zunächst kurz auf niedrigster, dann auf höchster Stufe zu einem glatten Teig verarbeiten.

2. Den Teig zur Kugel formen, diese etwas flach drücken, in Frischhaltefolie wickeln und etwa 60 Minuten in den Kühlschrank legen.

3. Den Backofen vorheizen. Ober-/Unterhitze: etwa 180 °C Heißluft: etwa 160 °C

4. Den Teig portionsweise auf einer leicht bemehlten Arbeitsfläche etwa 3 mm dick ausrollen. Den großen Ausstecher kurz in Mehl tauchen und anschließend Plätzchen ausstechen. Die Plätzchen auf zwei bis drei Backbleche (etwa 30 × 40 cm, mit Backpapier belegt) legen.

5. Aus der Hälfte der Plätzchen mit dem kleinen Ausstecher Kreise, Sterne oder Blumen ausstechen und diese mit auf die Backbleche legen.

6. Die Backbleche nacheinander (bei Heißluft zusammen) in den vorgeheizten Backofen schieben. Die Plätzchen **etwa 12 Minuten je Backblech backen.**

7. Die gebackenen Plätzchen mit dem Backpapier von den Backblechen auf Kuchenroste ziehen und erkalten lassen.

8. Für die Füllung die Konfitüre glatt rühren. Auf die Unterseite jedes geschlossenen Plätzchens etwa ½ Teelöffel Konfitüre streichen und einen Plätzchenring darauflegen. Ausgestochene kleine Kreise, Blumen oder Sterne auf der Unterseite mit Konfitüre bestreichen und halb auf den Ring legen. Die Plätzchen mit Puderzucker bestäuben.

TIPP:

Die Kekse verlieren bei längerer Lagerung durch die Konfitüre etwas von ihrer Knusprigkeit. Befüllen Sie die Plätzchen deshalb am besten erst kurz vor dem Verzehr.

Lieblingsrezept Nr.
28

ELISENLEBKUCHEN

Zubereitungszeit: 60 Minuten
Backzeit: 25 Minuten je Backblech

ZUTATEN FÜR 30 STÜCK

Für den Teig:

- 100 g Orangeat oder Zitronat (Sukkade)
- 2 Eier (Größe M)
- 200 g brauner Zucker
- 1 Pck. Vanillin-Zucker
- 1 Msp. gem. Gewürznelken
- ½ Röhrchen Rum-Aroma
- 1–2 Tropfen Zitronen-Aroma (aus dem Röhrchen)
- 125 g nicht abgezogene gem. Mandeln
- 1 Msp. Backpulver
- etwa 100 g gem. Haselnusskerne

Für den Zuckerguss:

- 125 g Puderzucker

Für den Schokoguss:

- 60 g Zartbitter-Schokolade (etwa 50 % Kakaoanteil)
- ½ TL Speiseöl, z. B. Sonnenblumenöl

Zusätzlich:

- etwa 30 Backoblaten (Ø etwa 7 cm)

Pro Stück:

E: 2 g, F: 7 g, Kh: 18 g, kcal: 144

1. Für den Teig das Orangeat oder Zitronat mit einem großen Messer fein hacken, dann beiseitestellen.

2. Den Backofen vorheizen.
Ober-/Unterhitze: etwa 140 °C
Heißluft: etwa 120 °C

3. Die Eier in einer Rührschüssel mit einem Mixer (Rührstäbe) auf höchster Stufe in 1 Minute schaumig schlagen. Zucker mit Vanillin-Zucker mischen und unter Rühren in 1 Minute einstreuen, dann die Masse noch etwa 2 Minuten weiterschlagen. Gewürznelken, Rum-Aroma und Zitronen-Aroma unterrühren.

4. Mandeln mit Backpulver mischen und mit Orangeat oder Zitronat kurz auf niedrigster Stufe unter die Eiercreme rühren. Dann so viele Haselnüsse unterrühren, dass der Teig noch streichfähig ist.

5. Auf jede Backoblate 1 Esslöffel Teig geben und mit einem in Wasser getauchten Messer kuppelförmig bis zum Rand der Oblate verstreichen. Die Oblaten mit etwas Abstand zueinander auf drei Backbleche (etwa 30 × 40 cm) legen.

6. Die Backbleche nacheinander (bei Heißluft zusammen) in den vorgeheizten Backofen schieben. Die Lebkuchen **etwa 25 Minuten je Backblech backen.**

7. Die Lebkuchen mit dem Backpapier von den Backblechen auf Kuchenroste ziehen.

8. Für den Zuckerguss den Puderzucker mit so viel heißem Wasser (etwa 2 EL) in einer Schüssel verrühren, dass ein dickflüssiger Guss entsteht. Den Guss direkt nach dem Backen mit einem Backpinsel auf die Hälfte der Lebkuchen streichen. Die Lebkuchen erkalten lassen.

9. Für den Schokoguss die Schokolade in Stücke brechen und im Wasserbad mit dem Sonnenblumenöl bei schwacher Hitze unter Rühren schmelzen. Die Lebkuchen, die noch ohne Zuckerguss sind, mit dem Schokoladenguss bestreichen. Den Guss fest werden lassen.

TIPP:

Elisenlebkuchen am besten gut verpackt einige Tage durchziehen lassen, damit sich das Aroma richtig gut entfalten kann.

Lieblingsrezept Nr.

29

HASELNUSS-SPRITZGEBÄCK

Zubereitungszeit: 50 Minuten
Backzeit: 15 Minuten je Backblec

ZUTATEN FÜR 70 STÜCK

Für den Rührteig:

250 g Butter oder Margarine (zimmerwarm)
175 g Zucker
1 Pck. Vanillin-Zucker
1 Ei (Größe M)
1 Eigelb (Größe M)
175 g Weizenmehl (Type 405)
175 g Speisestärke
10 g gesiebtes Kakaopulver
100 g gem. Haselnusskerne

Für die Deko:

1 Eiweiß (Größe M)
100 g Haselnusskerne

Zusätzlich:

Fett für die Backbleche
Spritzbeutel mit Sterntülle (Ø mind. 1 cm)

Pro Stück:

E: 1 g, F: 5 g, Kh: 7 g, kcal: 76

1. Für den Teig die Butter oder Margarine in einer Rührschüssel mit einem Mixer (Rührstäbe) auf höchster Stufe geschmeidig rühren. Nach und nach Zucker und Vanillin-Zucker unterrühren. So lange rühren, bis eine gebundene Masse entstanden ist.

2. Ei und Eigelb einzeln unterrühren (je Ei/Eigelb etwa ½ Minute). Mehl mit Speisestärke und Kakao mischen, die Mischung in zwei Portionen kurz auf mittlerer Stufe unter die Buttermasse rühren. Zum Schluss die Haselnusskerne unterrühren.

3. Den Backofen vorheizen.
Ober-/Unterhitze: etwa 180 °C
Heißluft: etwa 160 °C

4. Ein Drittel des Teiges in den Spritzbeutel füllen und Tupfen (Ø etwa 4 cm) auf drei Backbleche (etwa 30 × 40 cm, leicht gefettet und mit Backpapier belegt) spritzen. Dabei genügend Abstand zwischen den Tupfen lassen, da das Gebäck beim Backen etwas auseinanderläuft. Restlichen Teig in weiteren zwei Portionen ebenso aufspritzen.

5. Für die Deko das Eiweiß verschlagen. Die Haselnusskerne nacheinander einzeln mit der flachen Seite in Eiweiß eintauchen und mit der eingetauchten Seite nach unten mittig auf die Teigtupfen setzen.

6. Die Backbleche nacheinander (bei Heißluft zusammen) in den vorgeheizten Backofen schieben. Das Spritzgebäck **etwa 15 Minuten je Backblech backen**.

7. Das Gebäck mit dem Backpapier auf Kuchenroste ziehen und erkalten lassen.

Lieblingsrezept Nr.
30

HAFERFLOCKEN-NUSS-KEKSE

Zubereitungszeit: 30 Minuten,
Backzeit:
13–15 Minuten je Backblech
Mit Alkohol

ZUTATEN FÜR 30 STÜCK

Für den Teig:

- 50 g Weizenmehl (Type 405)
- 1 gestr. TL Backpulver
- 100 g Zucker
- 1 Pck. Vanillin-Zucker
- 1 Ei (Größe M)
- 1 EL Rum oder Orangensaft
- 125 g Butter oder Margarine (zimmerwarm)
- 100 g gem. Haselnusskerne
- 150 g kernige Haferflocken

Für den Guss:

- 125 g dunkle Kuchenglasur

Zusätzlich:

- Fett für die Backbleche

Pro Stück:

E: 2 g, F: 8 g, Kh: 10 g, kcal: 120

1. Den Backofen vorheizen.
Ober-/Unterhitze: etwa 180 °C
Heißluft: etwa 160 °C

2. Für den Teig Mehl mit Backpulver in einer Rührschüssel mischen. Zucker, Vanillin-Zucker, Ei, Rum oder Saft und Butter oder Margarine hinzufügen. Die Zutaten mit einem Mixer (Rührstäbe) zunächst kurz auf niedrigster, dann auf höchster Stufe in etwa 3 Minuten zu einem glatten Teig verrühren. Gemahlene Haselnüsse und Haferflocken unterrühren.

3. Den Teig mit zwei Teelöffeln in gleich großen Häufchen auf zwei Backbleche (etwa 30 × 40 cm, leicht gefettet und mit Backpapier belegt) setzen. Dabei genügend Abstand zwischen den Teighäufchen lassen. Die Teighäufchen mit dem Löffel etwas flach drücken.

4. Die Backbleche nacheinander (bei Heißluft zusammen) in den vorgeheizten Backofen schieben. Die Kekse **13–15 Minuten je Backblech backen.**

5. Die Haferflocken-Nuss-Kekse mit dem Backpapier von den Backblechen auf Kuchenroste ziehen und erkalten lassen.

6. Für den Guss die Kuchenglasur nach Packungsanleitung schmelzen. Die Kekse auf dem Backpapier eng zusammenschieben. Die Glasur auf die Kekse sprenkeln. Die Glasur trocknen lassen.

Variante:
Sie können die Haferflocken-Nuss-Kekse auch einzeln etwa ein Drittel tief in die Glasur tauchen, etwas abtropfen und trocknen lassen.

Lieblingsrezept Nr.

31

ZIMTSTERNE

Zubereitungszeit: 60 Minuten
Backzeit: 25 Minuten

ZUTATEN FÜR 40 STÜCK

Für den Teig:

- 3 Eiweiß (Größe M)
- 250 g gesiebter Puderzucker
- 1 Pck. Vanillin-Zucker
- 1 gestr. TL gem. Zimt
- etwa 400 g gem. Mandeln oder Haselnusskerne (jeweils mit Häutchen gemahlen)

Zusätzlich:

- Puderzucker für die Arbeitsfläche
- Sternausstecher (3–4 cm groß)

Pro Stück:

E: 2 g, F: 6 g, Kh: 7 g, kcal: 89

1. Den Backofen vorheizen.
Ober-/Unterhitze: etwa 140 °C
Heißluft: etwa 120 °C

2. Für den Teig Eiweiß mit dem Mixer (Rührstäbe) sehr steif schlagen. Den gesiebten Puderzucker nach und nach kurz unterrühren. Zum Bestreichen der Sterne 2 gut gehäufte Esslöffel Eischneemasse abnehmen und beiseitestellen.

3. Vanillin-Zucker, Zimt und etwa 150 g Mandeln oder Haselnusskerne vorsichtig auf niedrigster Stufe unter den restlichen Eischnee rühren. Von den restlichen Mandeln oder Haselnusskernen so viel mit den Händen unterkneten, dass der Teig kaum noch klebt.

4. Den Teig auf der mit Puderzucker bestreuten Arbeitsfläche gut ½ cm dick ausrollen. Sterne ausstechen und auf ein Backblech (etwa 30 × 40 cm, mit Backpapier belegt) legen. Die Sterne mit der beiseitegestellten Eischneemasse bestreichen. Die Eischneemasse muss so beschaffen sein, dass sie sich glatt auf die Sterne streichen lässt – eventuell noch einige Tropfen Wasser unter die Masse rühren.

5. Das Backblech in den Backofen schieben (Einschubhöhe: ganz unten). Die Zimtsterne **etwa 25 Minuten backen.**

6. Die restlichen Zimtsterne wie angegeben vorbereiten und auf Backpapier legen.

7. Die gebackenen Zimtsterne mit dem Backpapier vom Backblech auf einen Kuchenrost ziehen. Die Zimtsterne müssen sich beim Herausnehmen auf der Unterseite noch etwas weich anfühlen. Die vorbereiteten Sterne mit dem Backpapier auf das Backblech ziehen und wie beschrieben backen. Die Zimtsterne auf dem Kuchenrost erkalten lassen.

Variante:
Für **Zimtberge** bereiten Sie den Teig wie angegeben, aber nur mit etwa 300 g gemahlenen Mandeln zu. Mit zwei Teelöffeln kleine Häufchen auf das Backblech setzen, dabei genügend Abstand lassen. Die Eischneemasse mit einem Gefrierbeutel auftragen, nach Wunsch mit einer Haselnuss belegen und wie im Rezept angegeben backen.

TIPP:

Die Zimtsterne lassen sich besser aus der klebrigen Mandelmasse ausstechen, wenn der Ausstecher vorher immer in Wasser getaucht wird.

Lieblingsrezept Nr.
32

BUTTERPLÄTZCHEN

Zubereitungszeit: 35 Minuten
Backzeit: 12 Minuten je Backblech

ZUTATEN FÜR 55 STÜCK

Für den Teig:
150 g Weizenmehl (Type 405)
1 Msp. Backpulver
50 g Zucker
1 Pck. Vanillin-Zucker
100 g Butter (zimmerwarm)

Zum Verzieren (vor oder nach dem Backen):
Eigelb zum Bestreichen
Streudekor (z. B. Zuckerstreusel, Schokoladenstreusel
Zuckerguss

Zusätzlich:
Mehl für die Arbeitsfläche
Ausstecher (nach Belieben; 3–5 cm groß)

Pro Stück:
E: 0 g, F: 2 g, Kh: 3 g, kcal: 28

1. Den Backofen vorheizen.
Ober-/Unterhitze: etwa 180 °C
Heißluft: etwa 160 °C

2. Für den Teig Mehl mit Backpulver in einer Rührschüssel mischen. Zucker, Vanillin-Zucker und Butter hinzufügen. Die Zutaten mit einem Mixer (Knethaken) zunächst kurz auf niedrigster, dann auf höchster Stufe gut durcharbeiten.

3. Anschließend auf einer leicht bemehlten Arbeitsfläche kurz zu einem Teig verkneten und zu einer Kugel formen.

4. Den Teig auf der leicht bemehlten Arbeitsfläche etwa ½ cm dick ausrollen. Mit Ausstechförmchen beliebige Motive aus der Teigplatte ausstechen und auf zwei Backbleche (etwa 30 × 40 cm, mit Backpapier belegt) legen.

5. Die Backbleche nacheinander (bei Heißluft zusammen) in den vorgeheizten Backofen schieben. Die Plätzchen **etwa 12 Minuten je Backblech backen.**

6. Die Butterplätzchen mit dem Backpapier von den Backblechen auf Kuchenroste ziehen und erkalten lassen.

TIPPS:

Die Kekse nach Wunsch entweder vor oder nach dem Backen verzieren:

Zum **Verzieren vor dem Backen** den ausgestochenen Teig mit etwas verquirltem Eigelb bestreichen, mit Streudekor bestreuen und backen.

Zum **Verzieren nach dem Backen** den ausgestochenen Teig unbestrichen backen. Die erkalteten Plätzchen mit Zuckerguss (Puderzucker mit etwas Wasser dickflüssig anrühren) bestreichen, mit Streudekor bestreuen und trocknen lassen.

Lieblingsrezept Nr.

33

SPEKULATIUS

Zubereitungszeit: 60 Minuten
Kühlzeit. 60 Minuten
Backzeit: 10 Minuten je Backblec

ZUTATEN FÜR 40 STÜCK

Für den Knetteig:

200 g Weizenmehl (Type 405)
80 g Puderzucker
1 Prise Salz
1 Eigelb (Größe M)
80 g Butter oder Margarine (zimmerwarm)
1 ½ TL Spekulatius-Gewürz

Zusätzlich:

Mehl für die Arbeitsfläche
evtl. Holzmodel für Spekulatius

Insgesamt:

E: 1 g, F: 2 g, Kh: 6 g, kcal: 43

1. Für den Teig Mehl in eine Rührschüssel geben. Puderzucker, Salz, Eigelb, Butter oder Margarine und Spekulatius-Gewürz hinzufügen. Die Zutaten mit einem Mixer (Knethaken) zunächst kurz auf niedrigster, dann auf höchster Stufe gut durcharbeiten.

2. Dann auf der leicht bemehlten Arbeitsfläche kurz zu einem Teig verkneten. Sollte der Teig sehr klebrig sein, in Frischhaltefolie wickeln und etwa 60 Minuten in den Kühlschrank legen.

3. Den Backofen vorheizen.
Ober-/Unterhitze: etwa 180 °C
Heißluft: etwa 160 °C

4. Den Teig auf der leicht bemehlten Arbeitsfläche dünn ausrollen. Aus dem Teig entweder mit beliebigen Formen Motive ausstechen oder den Teig in Holzmodel (sehr gut bemehlt) drücken, den überstehenden Teig abschneiden und die Teigspekulatius aus den Modeln schlagen. Alle Spekulatius mit etwas Abstand auf zwei bis drei Backbleche (etwa 30 × 40 cm, mit Backpapier belegt) legen.

5. Die Backbleche nacheinander (bei Heißluft zusammen) in den vorgeheizten Backofen schieben. Die Spekulatius **etwa 10 Minuten je Backblech backen.**

6. Die Spekulatius mit dem Backpapier von den Backblechen auf Kuchenroste ziehen und erkalten lassen.

Variante:
Für **Mandelspekulatius** den Teig wie beschrieben zubereiten. Die Arbeitsfläche mit etwa 50 g gehobelten Mandeln bestreuen und den Teig darauf dünn ausrollen. Beliebige Motive ausstechen oder den Teig wie beschrieben in Model drücken. Dann wie beschrieben backen.

TIPPS:

Die Stückzahl hängt stark von der Größe der verwendeten Modeln ab – wir haben mit einem Spekulatiusgewicht von etwa 10 g pro Stück gerechnet.

Nach Belieben zusätzlich 20 g abgezogene, gemahlene Mandeln verwenden.

Lieblingsrezept Nr.

34

SCHWARZ-WEISS-GEBÄCK

Zubereitungszeit: 60 Minuten
Kühlzeit: 90 Minuten
Backzeit: 12 Minuten je Backblec

ZUTATEN FÜR 60 STÜCK

Für den Knetteig:
250 g Weizenmehl (Type 405)
1 gestr. TL Backpulver
150 g Zucker
1 Pck. Vanillin-Zucker
1 Prise Salz
½ Röhrchen Rum-Aroma
1 Ei (Größe M)
125 g Butter oder Margarine (zimmerwarm)

Für den dunklen Teig:
15 g gesiebtes Kakaopulver
15 g Zucker
1 EL Milch

Zum Bestreichen:
1 Eiweiß

Pro Stück:
E: 1 g, F: 2 g, Kh: 6 g, kcal: 44

1. Für den Teig Mehl mit Backpulver in einer Rührschüssel mischen. Zucker, Vanillin-Zucker, Salz, Rum-Aroma, Ei und Butter oder Margarine hinzufügen. Alles mit dem Mixer (Knethaken) zunächst kurz auf niedrigster, dann auf höchster Stufe gut durcharbeiten. Dann auf einer leicht bemehlten Arbeitsfläche kurz zu einem Teig verkneten, den Teig in zwei Portionen teilen.

2. Für den dunklen Teig Kakao, Zucker und Milch verrühren. Die Mischung unter eine Hälfte des Teiges kneten. Hellen und dunklen Teig jeweils mit den Händen zu einer Rolle formen, getrennt in Frischhaltefolie gewickelt etwa 30 Minuten in den Kühlschrank legen.

3. Den Teig zu einem Schneckenmuster, Schachbrettmuster oder zu Talern verarbeiten (Beschreibung siehe rechts).

4. Den Teig in Frischhaltefolie wickeln und etwa 60 Minuten in den Kühlschrank legen.

5. Den Backofen vorheizen.
Ober-/Unterhitze: etwa 180 °C
Heißluft: etwa 160 °C

6. Die Teigrollen oder -blöcke in etwa ½ cm dicke Scheiben schneiden und diese auf zwei Backbleche (etwa 30 × 40 cm, mit Backpapier belegt) legen.

7. Die Backbleche nacheinander (bei Heißluft zusammen) in den vorgeheizten Backofen schieben. Die Kekse **etwa 12 Minuten je Backblech backen.**

8. Das Schwarz-Weiß-Gebäck mit dem Backpapier von den Backblechen auf Kuchenroste ziehen und erkalten lassen.

Schneckenmuster:
Den hellen und dunklen Teig jeweils zu einem gleichmäßig großen Rechteck (15 × 30 cm) ausrollen, ein Rechteck dünn mit Eiweiß bestreichen, das zweite darauflegen und ebenfalls bestreichen. Von der längeren Seite her fest aufrollen.

Schachbrettmuster:
Die Teigstücke getrennt etwa 1 cm dick ausrollen. Aus dem hellen und dunklen Teig je neun je 1 cm breite und 15 cm lange Steifen schneiden. Die Streifen mit Eiweiß bestreichen, im Schachbrettmuster zu zwei Teigblöcken zusammensetzen. Restliche helle und dunkle Teigreste getrennt verkneten und dünn zu zwei Rechtecken (je etwa 13 × 15 cm) ausrollen. Die Teigblöcke darin einwickeln.

Taler:
Aus dem dunklen Teig eine 3 cm dicke Rolle formen. Den hellen Teig ½ cm dick ausrollen, mit Eiweiß bestreichen und die dunkle Rolle darin einwickeln.

Lieblingsrezept Nr.

35

MAKRONEN MIT CRANBERRYS

Zubereitungszeit: 20 Minuten
Backzeit: 25 Minuten je Backblec

ZUTATEN FÜR 40 STÜCK

Zum Vorbereiten:

50 g getrocknete Cranberrys

Für die Eiweißmasse:

2 Eiweiß (Größe M)
100 g Zucker
1 Msp. gem. Zimt
2 Tropfen Bittermandel-Aroma aus dem Röhrchen
100 g abgezogene gem. Mandeln
50 g gehackte Mandeln

Zusätzlich:

Fett für die Backbleche

Pro Stück:

E: 1 g, F: 2 g, Kh: 4 g, kcal: 38

1. Zum Vorbereiten die getrockneten Cranberrys sehr fein hacken und beiseitestellen.

2. Den Backofen vorheizen.
Ober-/Unterhitze: etwa 140 °C
Heißluft: etwa 120 °C

3. Für die Eiweißmasse Eiweiß mit einem Mixer (Rührstäbe) auf höchster Stufe steif schlagen. Der Schnee muss so fest sein, dass ein Messerschnitt sichtbar bleibt. Nach und nach Zucker, Zimt und Bittermandel-Aroma kurz unterschlagen.

4. Gemahlene und gehackte Mandeln sowie gehackte Cranberrys vorsichtig unter den Eischnee heben.

5. Die Mandel-Cranberry-Masse mit zwei Teelöffeln als kleine Häufchen auf zwei Backbleche (etwa 30 × 40 cm, leicht gefettet, mit Backpapier belegt) setzen. Dabei genügend Abstand zwischen den Häufchen lassen.

6. Die Backbleche nacheinander (bei Heißluft zusammen) in den vorgeheizten Backofen schieben. Die Makronen **etwa 25 Minuten je Backblech mehr trocknen als backen.**

7. Die gebackenen Makronen mit dem Backpapier von den Backblechen auf Kuchenroste ziehen und erkalten lassen.

TIPP:

Damit sich das Eiweiß richtig schön schnittfest aufschlagen lässt, dürfen weder in der Rührschüssel noch an den Schneebesen Fettreste (evtl. von vorherig zubereiteten Teigen) vorhanden sein. Deshalb Schüssel und Schneebesen am besten vorab nochmals mit Spülmittel und heißem Wasser sorgfältig reinigen, gründlich klar abspülen und abtrocknen.

Lieblingsrezept Nr.
36

SCHWEDISCHE PFEFFERKUCHEN

Zubereitungszeit: 40 Minuten
Kühlzeit: 12 Stunden
Backzeit:
5–8 Minuten je Backblech

ZUTATEN FÜR 60 STÜCK

Für den Teig:

120 g Kandisfarin
7 EL Karamellsirup
75 g Butter
1 Prise Salz
1 TL gem. Zimt
1 TL gem. Ingwer
½ TL gem. Piment
1 Msp. gem. Kardamom
½ TL gem. Gewürznelken
1 Msp. Vanillemark
etwas abger. Bio-Zitronenschale (unbehandelt, ungewachst)
220 g Weizenmehl (Type 405)
1 gestr. TL Backpulver

Zusätzlich:

Mehl für die Arbeitsfläche
Ausstecher (nach Belieben)

Pro Stück:

E: 1 g F: 1 g, Kh: 6 g, kcal: 36

1. Für den Teig in einem Topf Kandisfarin und Karamellsirup mit 7 Esslöffeln Wasser bei schwacher Hitze unter ständigem Rühren aufkochen, bis sich der Zucker aufgelöst hat. Die Butter in Würfeln hinzugeben und unter Rühren schmelzen. Salz, Zimt, Ingwer, Piment, Kardamom, Nelken, Vanillemark und Zitronenschale dazugeben und alles gut verrühren.

2. Mehl mit Backpulver in einer Rührschüssel mischen. Die flüssige Gewürzmasse unterrühren und so lange rühren, bis eine glatte Masse entstanden ist.

3. Die Masse auf einem großen Stück Frischhaltefolie verteilen, fest einwickeln und etwa 12 Stunden (z. B. über Nacht) in den Kühlschrank legen.

4. Den Backofen vorheizen.
Ober-/Unterhitze: etwa 200 °C
Heißluft: etwa 180 °C

5. Den Teig nach und nach portionsweise auf der großzügig bemehlten Arbeitsfläche 2–3 mm dünn ausrollen. Mit Ausstechförmchen Pfefferkuchen ausstechen und auf zwei Backbleche (etwa 30 × 40 cm, mit Backpapier belegt) verteilen.

6. Die Backbleche nacheinander (bei Heißluft zusammen) in den vorgeheizten Backofen schieben. Die Pfefferkuchen **5–8 Minuten je Backblech backen.** Dabei nicht aus den Augen lassen, denn die Pfefferkuchen werden sehr schnell braun.

7. Die Pfefferkuchen mit dem Backpapier von den Backblechen auf Kuchenroste ziehen und erkalten lassen.

Lieblingsrezept Nr.
37

TERRASSEN-PLÄTZCHEN

Zubereitungszeit: 60 Minuten
Kühlzeit: 60 Minuten
Backzeit: 10 Minuten je Backblec

ZUTATEN FÜR 60 STÜCK

Für den Knetteig:

300 g Weizenmehl (Type 405)
2 gestr. TL Backpulver
100 g Zucker
1 Pck. Vanillin-Zucker
1 Ei (Größe M)
150 g Butter oder Margarine (zimmerwarm)

Zusätzlich:

Mehl für die Arbeitsfläche
Ausstechform in 3 Größen (Ø etwa 4 cm, 3 cm und 1 ½ cm)
etwa 80 g rotes Gelee (z. B. Johannisbeergelee)
Puderzucker zum Bestäuben

Pro Stück:

E: 1g, F: 2 g, Kh: 7 g, kcal: 50

1. Für den Knetteig Mehl mit Backpulver in einer Rührschüssel mischen. Zucker, Vanillin-Zucker, Ei und Butter hinzugeben und alles mit dem Mixer (Knethaken) zunächst kurz auf niedrigster, dann auf höchster Stufe gut durcharbeiten.

2. Anschließend auf der leicht bemehlten Arbeitsfläche kurz zu einem glatten Teig verkneten. Den Teig zu einer Kugel formen und diese etwas flach drücken. In Frischhaltefolie wickeln und etwa 60 Minuten in den Kühlschrank legen.

3. Den Backofen vorheizen. Ober-/Unterhitze: etwa 180 °C Heißluft: etwa 160°C

4. Den Teig portionsweise auf der leicht bemehlten Arbeitsfläche etwa 3 mm dick ausrollen. Plätzchen mit in drei verschiedenen Größen ausstechen (je Größe die gleiche Anzahl). Die Plätzchen auf drei Backbleche (etwa 30 × 40 cm, mit Backpapier belegt) legen.

5. Die Backbleche nacheinander (bei Heißluft zusammen) in den vorgeheizten Backofen schieben. Die Plätzchen **etwa 10 Minuten je Backblech backen**.

6. Die Backbleche aus dem Backofen nehmen. Die Plätzchen mit dem Backpapier vom Backblech auf Kuchenroste ziehen und erkalten lassen.

7. Zum Bestreichen das Gelee glatt rühren. Von je drei Plätzchen verschiedener Größe die beiden kleineren auf der Unterseite mit Gelee bestreichen und terrassenförmig auf das größte Plätzchen setzen. Die Terrassenplätzchen mit etwas Puderzucker bestreuen. Nach Belieben kleine Geleetupfen daraufgeben.

Lieblingsrezept Nr.
38

STOLLENHÄPPCHEN

Zubereitungszeit: 30 Minuten
Backzeit: 12 Minuten je Backblech

ZUTATEN FÜR 44 STÜCK

Für den Teig:

- 250 g Weizenmehl (Type 405)
- 2 gestr. TL Backpulver
- 75 g Zucker
- 1 Pck. Vanillin-Zucker
- 1 Pck. Weihnachts-Aroma
- 1 TL ger. Zitronenschale
- 1 Ei (Größe M)
- 100 g Butter oder Margarine
- 125 g Magerquark
- 50 g fein gehacktes Zitronat (Sukkade)
- 100 g Rosinen
- 50 g Korinthen
- 50 g abgezogene gem. Mandeln

Zum Bestäuben:

Puderzucker

Zusätzlich:

Mehl für die Arbeitsfläche

Pro Stück:

E: 1 g, F: 3 g, Kh: 10 g, kcal: 71

1. Den Backofen vorheizen.
Ober-/Unterhitze: etwa 180 °C
Heißluft: etwa 160 °C

2. Für den Teig Mehl mit Backpulver in einer Rührschüssel mischen. Zucker, Vanillin-Zucker, Aroma, Zitronenschale, Ei, Butter oder Margarine und Quark hinzufügen. Die Zutaten mit einem Mixer (Knethaken) zunächst kurz auf niedrigster, dann auf höchster Stufe gut durcharbeiten.

3. Anschließend Zitronat, Rosinen, Korinthen und Mandeln auf der leicht bemehlten Arbeitsfläche unterkneten.

4. Den Teig halbieren. Jede Teighälfte zunächst zu 2 Rollen von etwa 22 cm Länge formen, dann in je 1 cm breite Stücke schneiden und zu Kugeln formen. Die Teigkugeln auf zwei Backbleche (etwa 30 × 40 cm, mit Backpapier belegt) setzen. Dabei genügend Abstand zwischen den Kugeln lassen.

5. Die Backbleche nacheinander (bei Heißluft zusammen) in den vorgeheizten Backofen schieben. Die Häppchen **etwa 12 Minuten je Backblech backen.**

6. Die Stollenhäppchen mit dem Backpapier von den Backblechen auf Kuchenroste ziehen und sofort mit Puderzucker bestäuben. Erkalten lassen.

TIPPS:

Ihre Familie mag nicht so gerne Zitronat? Dann ersetzen Sie die feinfruchtige Zutat durch andere getrocknete Früchte mit besonderem Aroma. Zum Beispiel getrocknete Kirschen oder Physalis (Kapstachelbeeren), erhältlich im Naturkostladen, Reformhaus oder gut sortierten Drogeriemärkten. Die Früchte fein würfeln und nach Belieben zusätzlich mit einigen Teelöffeln Fruchtsaft (z. B. Apfelsaft) marinieren.

Kein Weihnachts-Aroma bekommen? Dann ersetzen Sie es durch 2–3 Teelöffel Lebkuchen- oder Spekulatius-Gewürz.

Lieblingsrezept Nr.
39

ITALIENISCHE ZITRONENTALER

Zubereitungszeit: 45 Minuten
Kühlzeit: mind. 60 Minuten
Backzeit: 8–12 Minuten

ZUTATEN FÜR 30 STÜCK

Für den Knetteig:

170 g Weizenmehl (Type 405)
75 g Butter (zimmerwarm)
65 g Puderzucker
1 Msp. Vanillemark
1 Prise Salz
1 TL abger. Bio-Zitronenschale (unbehandelt, ungewachst)
1 Ei (Größe M)

Für Füllung und Deko:

2–3 EL Lemon Curd (Fertigprodukt; ersatzweise Zitronenmarmelade)
Puderzucker zum Bestäuben

Zusätzlich:

Mehl für die Arbeitsfläche
Fett für das Backblech

Pro Stück:

E: 1 g, F: 3 g, Kh: 7 g, kcal: 56

1. Für den Teig Mehl in eine Rührschüssel geben. Butter, Puderzucker, Vanillemark, Salz, Zitronenschale und Ei hinzufügen. Die Zutaten mit einem Mixer (Rührstäbe) zunächst kurz auf niedrigster, dann auf höchster Stufe gut durcharbeiten.

2. Anschließend alles auf einer bemehlten Arbeitsfläche kurz zu einem glatten Teig verkneten. Den Teig zu einer Kugel formen und diese etwas flach drücken. Den Teig in Frischhaltefolie wickeln und mindestens 60 Minuten (besser über Nacht) in den Kühlschrank legen.

3. Den Backofen vorheizen.
Ober-/Unterhitze: etwa 170 °C
Heißluft: etwa 150 °C

4. Vom Teig auf der bemehlten Arbeitsfläche kleine Portionen abnehmen und zwischen den Handflächen zu etwa 3 cm großen „Zitronen" rollen. Die „Zitronen" auf einem Backblech (etwa 30 × 40 cm, leicht gefettet, mit Backpapier belegt) verteilen. Mit einem Teelöffel jeweils eine kleine Vertiefung in die Mitte drücken und diese mit etwas Lemon Curd füllen.

5. Das Backblech in den vorgeheizten Backofen schieben. Die Taler **8–12 Minuten backen.**

6. Das Backblech auf einen Kuchenrost stellen. Die Zitronentaler noch warm mit Puderzucker bestäuben, vom Backblech nehmen und auf dem Kuchenrost erkalten lassen.

TIPP:

Wer gerne ein paar Zitronentaler verschenken möchte, wickelt sie wie einen Bonbon in Papier ein.

Lieblingsrezept Nr.

40

ALPHABETISCHES REGISTER

B

Beerenzipfel 56
Brookies mit Pinienkernen 42
Butterplätzchen 70

C

Cantuccini mit Walnüssen 26
Cheesecake-Cookies 38
Cherry Pie Hearts 50
Chocolate Peanut Cookies 14

E/F

Elisenlebkuchen 62
Espresso-Cookies 34
Frischkäse-Plätzchen 18

G/H/I

Gefüllte Orangenkekse 44
Gefüllte Orangenkekse mit Kaffeeganache (Variante) 44
Grieß-Orangen-Whoopies 10
Haferflocken-Nuss-Kekse 66
Haselnuss-Spritzgebäck 64
Italienische Zitronentaler 84

K/L

Kokos-Spritzgebäck (Variante) 32
Kokos-Stempelkekse 28
Linzer Plätzchen 60
Little Green Wonders 54

M/N

Macadamia-Schoko-Stangen 46
Macarons 52
Makronen mit Cranberrys 76
Marmor-Cookies 8
Marzipanrauten mit Sesam 22
Mohn-Cookies mit Limette 48
Nougacchino-Cookies 36

R/S

Rollenkekse 30
Schoko-Cookies mit Ingwer 40
Schokokekse mit Mandeln 6
Schwarz-Weiß-Gebäck 74
Schwedische Pfefferkuchen 78
Shortbread-Scheiben 20
Sonnenblumen-Kürbiskern-Knusperchen 16
Spekulatius 72
Spritzgebäck mit Mandeln 32
Stollenhäppchen 82

T

Terrassenplätzchen 80
Triple Chocolate Cookies 12

V/Z

Vanillekipferl 58
Zarte Biskuitplätzchen 24
Zimtsterne 68

KAPITELREGISTER

Ratgeber 4

FÜR JEDEN TAG

Schokokekse mit Mandeln 6
Marmor-Cookies 8
Grieß-Orangen-Whoopies 10
Triple Chocolate Cookies 12
Chocolate Peanut Cookies 14
Sonnenblumen-Kürbiskern-Knusperchen 16
Frischkäse-Plätzchen 18
Shortbread-Scheiben 20
Marzipanrauten mit Sesam 22
Zarte Biskuitplätzchen 24
Cantuccini mit Walnüssen 26
Kokos-Stempelkekse 28
Rollenkekse 30
Spritzgebäck mit Mandeln 32
Espresso-Cookies 34

FÜR BESONDERE ANLÄSSE

Nougacchino-Cookies 36
Cheesecake-Cookies 38
Schoko-Cookies mit Ingwer 40
Brookies mit Pinienkernen 42
Gefüllte Orangenkekse 44
Gefüllte Orangenkekse mit Kaffeeganache (Variante) 44
Macadamia-Schoko-Stangen 46
Mohn-Cookies mit Limette 48
Cherry Pie Hearts 50
Macarons 52
Little Green Wonders 54
Beerenzipfel 56

FÜR WEIHNACHTEN

Vanillekipferl 58
Linzer Plätzchen 60
Elisenlebkuchen 62
Haselnuss-Spritzgebäck 64
Haferflocken-Nuss-Kekse 66
Zimtsterne 68
Butterplätzchen 70
Spekulatius 72
Schwarz-Weiß-Gebäck 74
Makronen mit Cranberrys 76
Schwedische Pfefferkuchen 78
Terrassenplätzchen 80
Stollenhäppchen 82
Italienische Zitronentaler 84

IMPRESSUM

HINTER JEDEM TOLLEN BUCH STECKT EIN STARKES TEAM

Projektleitung: *Karin Kerber*
Redaktion: *Annette Riesenberg*
Korrektorat: *Regina Rautenberg, Nützen*
Rezeptentwicklung: *Dr. Oetker Verlag, außer: Angelika Schwalber (für ZS; S. 78, 84), Bärbel Schermer (S. 28, 36, 42), Christiane Kührt (für ZS; S. 30)*
Gestaltungskonzept: *seidldesign.com, Wolfgang Seidl, Stuttgart*
Satz: *MDH Haselhorst, Bielefeld*
Titelgestaltung: *Büro 18, Friedberg/Bayern*
Herstellung: *Frank Jansen*
Producing: *Jan Russok*
Druck & Bindung: *optimal media GmbH, Röbel*

UNSER VERLAGSHAUS

Mit Standorten in München, Hamburg und Berlin zählt die Edel Verlagsgruppe zu den größten unabhängigen Buchanbietern Deutschlands. Zur Edel Verlagsgruppe gehört unter anderem ZS mit seinen Lizenzmarken Dr. Oetker Verlag, Kochen & Genießen und Phaidon by ZS.

Die Bücher und E-Books unter der Marke Dr. Oetker Verlag erscheinen als Lizenz in der Edel Verlagsgruppe GmbH
www.oetker-verlag.de
www.facebook.com/Dr.OetkerVerlag
www.instagram.com/Dr.OetkerVerlag 

LIEBE LESERINNEN, LIEBE LESER,

seit 130 Jahren gibt es Dr. Oetker Bücher, viele davon sind seit Jahrzehnten im Programm. Mit jedem Buch, mit jeder Aktualisierung eines unserer Klassiker erfinden wir uns neu. Was bleibt, ist immer der Kern unserer Bücher: praktisch müssen sie sein und funktionieren muss alles. Gerne auch mal den einen oder anderen Kniff anbieten, den Sie vielleicht noch nicht kannten. Deshalb kommen Ihnen die Dr. Oetker Bücher so modern und frisch und doch so vertraut vor.

Viel Spaß und viel Erfolg wünschen wir Ihnen auch mit diesem Buch.
Ihre Dr. Oetker Verlagsredaktion

1. Auflage 2022
© 2022 Edel Verlagsgruppe GmbH
Kaiserstraße 14 b
D-80801 München
ISBN: 978-3-7670-1861-7

BILDNACHWEIS

Titelfoto:
StockFood/Addictive Stock

Foodfotografie:
Anke Politt, Hamburg: S. 11, 13, 35, 49
Antje Plewinski, Berlin: S. 9, 41, 59
Barbara Bonisolli, München: S. 19, 23, 27, 57, 77, 81
Eising Studio/Food Photo & Video, München: S. 4, 7, 21, 45, 53, 63, 65, 67
Fotostudio Diercks (Thomas Diercks, Kai Boxhammer, Christiane Krüger), Hamburg: S. 17, 25, 33, 39, 47, 51, 73, 75
Julia Hoersch, Hamburg (für ZS): S. 31, 79, 83
StockFood Studios/Skowronek/Schmid, München: S. 29, 37, 43, 69, 71, 81, 61
Walter Cimbal, Hamburg: S. 15
Winkler Studios, Bremen: S. 55